大夏书系·教育新思考

教育的十字路口

Jiaoyu de Shizi Lukou

（修订版）

张文质 著

华东师范大学出版社

全国百佳图书出版单位

序　言

　　令我略感吃惊的是《教育的十字路口》出版已经有十二年之久。当时华东师范大学出版社的"大夏书系"这一了不起的教师教育出版工程刚刚拉开序幕。正如他们策划出版的其他图书一样，《教育的十字路口》上市后，也得到读者颇为热烈的欢迎，很快就加印了十几次，这是让我颇为开心的事。当然更有意思的是，这么多年过去了，这本书仍一直受到教师的关注与喜爱，时有读者咨询购书事宜。这次利用重新出版之机，我将《教育的十字路口》与之后出版的《幻想之眼》两书内容作了归类调整与适当补充，这样大概也更合乎书的命名本身内在的意味，书可能也会长得"更好看"一点。我一直是专注的教育研究与人的心灵状况研究的写作者，这样的努力，仍会继续下去，不管怎么说，这仍是一件美妙的事。

张文质

目　录

十字路口的教育札记

直到听见自己的声音

写给未来的记忆

梦想的诗篇

声音模仿者

教育的十字路口

◈◈◈◈

十字路口的教育札记

十字路口的教育札记（一）

1. 每日我总是要想到这样的问题：今天我们要如何言说教育？当我这样思考问题，只能说明我的无力、疑虑、悲观和职业带来的难以承担的责任。"我从来不会讲故事"，我也没有受过严格的"专业训练"，在我的脑海常常是吉光片羽式的谜一样的记忆，以及无法直面的现实的焦虑，我不知道何为本质，也不知道如何谈论未来，但当我思考教育的问题时，我实际上就为一种关于未来的思想所缠绕。这样的时刻，就是精神敞开的时刻。

2. 在这里没有"他者"，一切都参与了与灵魂的对话。一切都昭示着可能的未来，一切都是正在发生的现在，每一次来临同时就是记忆的初次。我们总是简单地按照久已依赖的习惯，而乞灵于外在于自我生命的力量，我们几乎百依百顺，直至仅仅作为一个微不足道的数字被完全抹去，正因为这样不断发生的悲剧，谈论教育就是唤起记忆，亦即唤起对自己生命的责任。

3. 仍然是"重估一切价值"。这是在生命每一个紧要关头，决绝而又负责任的选择。"没有行动或行动的文本，就没有政治"，我们面临的总是不断地回到起点，回到记忆，回到令人感到温馨的思想力量。我们要努力培植一种"对一个充斥着不完美、痛苦和灾难的世界的某种蔑视。"

4. "重估一切价值的前提是重估我们自己"，重估自己，首先需要的是勇气，而不是逃避。重估自己，亦即爱这个世界、爱生命、爱自己，因此才有勇气直面所有人性的鄙俗和粗糙，才有勇气揭去所有的伪饰，才有勇气承受幻象揭去之后刻骨铭心的疼痛。没有疼痛就没有记忆，也就没有新质的生长。重估自己，就是重新期待，重新想象，重新实践，就是把生命重新收归自己所有。重估是一个行动的词，是过程，是创造的行动过程，是持续进行的不断回到起点的灵魂的运动。

5. 我们几乎所有的不幸，皆源于目标过于明确，过于执著，过于顺从。因为目标明确，所以易于宰制。我们随时都乐于为"目标的实现"而作出妥协退让，甚至我们的机体都充满了屈服的基因，我们只相信现世与当下，只相信胜利者的光环。我们仿佛是幽灵一样面目模糊的现实主义者。

6. 新的教育创生于十字路口。没有彷徨，就无须选择，无须决断，甚至无须随时承担责任的勇气。

十字路口，意味着多元、多样，意味着选择的自由。如果这个世界上存在着真正的爱，那么必然就会有自由，因为爱就意味着自由，一定也会带来自由。

十字路口，其实是期待中的遥不可及的梦。我们只有过别无二样的选择，我们只学会等待、服从、赞美和"被拯救"，我们一直处于等待的循环之中。我们有足够的耐心和盲目，但几乎完全丧失了勇气和责任。一个人只爱自己，不爱世界，这样的爱既是残忍的，同时也是无益于自己的。缺乏爱的人，首先缺乏的是勇气。

7. 十字路口，意味着对价值的重新发现，重新认定，在彷徨中孕育着独具的眼力。十字路口也意味着拒绝，拒绝成为什么同样需要一种隐忍的力量。十字路口证明了一种属于每一个人的有梦想、有差异、有肌理和值得信赖与忠诚的对未来的肯定。

8. "真理与正义反复宣讲绝非多余"，这句话说得斩钉截铁，可是我们何时能够与"真理"相遇，又如何有勇气确认呢？与其信从人间的真理，不如去探寻未来的真理，真理也许就是未知，始终都是未完成态，信从真理就是信从无限的可能性，信从对真善美的期待。

9. 只有关于谁的教育，为了谁的教育，仍然不是真正的教育，真正的教育在出发时是未知的，只有在相遇时，在共同参与中，在对话的过程里，意义才日渐清晰起来。没有真善美的生长，教育就沦为训斥与操练。教育领域最容易遭受强制与文化压迫，对人性的扭曲和其他有罪的图谋，时常也以教育的面目出现，这是对教育的双重损害。当教育的价值受到贬损时，损害更为严重的是人类的福祉与未来。教育的危机就是人类文化和信念的危机，我们失去的将是光明、身份和尊严。

10. 教育就是反思与行动，爱抚与照料，对话与合作，引导与建构，促进与生长，教育就是互动与相互成全。以追求完整人性为目标的教育，以人性的不完整为关注的起点，在这里，每一个人都以自己的独特性而被赋予了主体的价值，并因此成为责任的主体，主体意识的萌发恰是教育促进人的发展的基本点。

11. 在教育中最令人厌恶同时一定会诱发人与人相互仇恨的，大概就是各种形式不断翻新的压迫。这是教育最严重的弊端，它对人的善性、梦想、创造力都是影响极为深远的、毁灭性的打击力量。这是权力体制下愈来愈严重的病毒。在这种以压迫为能事的体制之中，不可能有人与人之间的信任与忠诚，也不可能有人的尊严与平等，同时从根本上我们也不能相信在压抑、扭曲的氛围中还能存在着真正的对话。没有对话，就没有教育的开始。

12. 不能接受以压迫和强制为主要特征的教育体制，这是人应有的理智和价值决断。压迫和强制都使人心灰意冷，缺乏生趣，易于衰老，易于偏执。在压迫和强制之中谈论教育是一种虚妄。如果教育不能导向人的生命意义的显现，导向人的自由与美好，我们又怎么能把这样的情形称为教育呢?

13. 不要在教育中寻求控制与改变他人，教育中没有规范，只有融合与生成。对儿童天性的控制与扭曲，使儿童丧失了自主能力，丧失了欢乐和对人的信赖，在这里还有一点特别值得注意，即控制不但已经成为一种制度的力量，同时它又作为内在的欲望深嵌在每一个渴求有机会行使权力的人的心灵中，他们往往呈现出控制和被控制的双重面貌。

14. 爱不仅是教育的诊治性的力量，同时还是教育的本质和对话的基础。很难想象只有管制而没有爱的校园。在作为儿童主要生活场所的校园里，所有的人都应该是爱的主体和实践者，然而"压迫境况不被铲除"，爱肯定非常稀少，甚至无从产生。校园冲突和压抑的根本仍在于各种压迫，缺少爱，缺少反思与行动。

15. 值得怀疑的不仅是现行的教育制度，还包括我们自己，长期的政治宣传、思想控制、市场心理学，已经使我们很难将"内在欲望和外在暗示"区别开来，在我们的基本信仰里已安稳地驻扎着一支反人性、反自由、反教育的力量。我们都从本质上维护着现状并继续使之合法化，同时我们正在日渐丧失最基本的质疑和表达能力。我们还使自己的怯懦有了心安理得的依据。

16. 当教育行为过于顺当、便捷时，某种值得警惕的危险便已临近了。"操作的熟练"几乎就意味着质疑与反思能力的丧失，因为教学一旦形成程序，具有可控的特征，我们更关注的常常就是程序和效果本身，而不是教学过程中不断反映与生成的"更为深刻，根本无法解决，为人生经验本身固有的，由语言惯例描述和负载的诸多矛盾"（大卫·杰弗里·史密斯语）。在这一切背后，其实，是永远需要探寻、揭示和无法预计的，好的教学只可能建立在开放性的不断相遇之上。

17. 不管贴着什么标签，永远不要去爱使儿童备受折磨的教育体制。不需要智慧，不需要反复思量，只要稍加观察，我们眼中就会时常含着泪水。因为"今日课堂的孩子们根本就没有时间做做梦，歇歇气，想一想，沉思一下，或学学怎样安静下来，几乎没有找回自己的本来面目的可能性了"。岂止在课堂上，课余的每寸空间同样充满了教学干预。我看到了儿童们的挣扎，最后却是越来越适应"往往是摧残，毁坏灵魂的规范和日程表"。伟大的读书的传统和最美好的心愿，恰恰在最日常化的病态之中几近丧失。

18. 教学的危险常常表现在行为与目的之间丧失了关系，即具体的教学行为可以完全无视它所可能产生的后果，无视学生的感受。教学行为首先是计划、规范或者习惯，是必须运行的常规，由职业本身和各种政策所决定，而切断了教学与对人生意义的全面关怀之间的关系，具体的人丢失了，亦即为了人的目的性的丢失，教学行为满足于追求在虚空状态中的自足感，热衷于技术、设计的新颖性与操作的熟练程度，最终心灵则在重复"做"的状态中日渐麻木和封闭。

19. 当儿童丧失了不断展开与生成的世界之时，他的记忆也同时丧失了。这是影响深远的灾难：沉沦于苍白与贫乏之中，童年遭受着最残忍的伤害。禁闭与规划代替自由生命本能的冲动，但是我们往往对儿童这类正在发生的命运缺乏警觉，甚至已经因为心灵的日渐麻木而对之熟视无睹，我们自身就是丧失记忆的一族，我们很多行为都可能意味着责任的缺席。无论沉默还是掩饰，其实同样是一种残忍的事。

20. 什么力量在我的生命中复述了整个童年？是初次的遭遇，是面临的记忆，还是无数没有被时间与遗忘夺去的细节？当我思考教育，就是有意识地重新思考珍藏在记忆中的一切，一位学者曾写到"心灵因细腻而伟大"，我想接着说：心灵因怀疑而深邃，心灵因孤独而奇特，心灵因关怀而多情，心灵因痛苦而至诚。

21. 必须培植一个视角，必须找到"一个音调"，也许只有此时你才能发现你的工作与本质的联系，你才能发现你正在不断掘进的一切正是你的生命本身。你才有可能从你的音调听出"一个理想发言者"的音调，你才能从日常的责任中获得一种自信，并为正在生长的一切不断感到惊讶。

22. 宽容几乎首先是一种教养，是教育日复一日加以培植的文明之树上的嫩芽。宽容是一个手势、眼神，一种习惯，是一个属于行动的词，然后才是一种胸襟与理念，最后宽容便是一种关乎所有人命运的体制，是社会和谐、开放、富有想象力和独创性力量的基石。宽容总是与自由、互爱、友谊、怜悯、同情、信任关联在一起，正如所有人类美好的精神之花总是互相依存、互相增强一样。

23. 教育改革的最终成果一定是人们精神力量的变化，人格的变化，人的创造力的变化，人与人相互关系的变化，最后甚至是人的面貌的变化。精神力量变化之中孕育着人的独特价值和独创性，这正是教育最本质的意义所在。一旦人作为教育最终的成果被推出来，人就是教育自身正确性最鲜活而有力的证明，是人恢复了教育应有的名誉与可能性。

24. 也许正是因为最终的真理无法企及，我们首先必须知道生活的规则，而这些规则同时能够公平地适用于所有人，还需要有一种机制，以便对规则进行更改，以保障民意的体现。此时，规则所具有的开放性与选择规则的自由度同样极为重要。由此我想到教育中制度重建的意义，遵循它自身需求的规律，容忍不同的观点并允许进行建设性的批评辩论，制度重建亦即教育的新文化理念的重新选择与确立。

25.豪尔赫·路易斯·博尔赫斯曾写道："苹果的滋味系于腭与水果的接触，而不由水果自身而定；与此相似（我要说）诗歌系于诗与读者的相会，而不是由印在一本书的书页中符号的行数而定。"现在我想紧接着说，良好的教育亦非写在纸上或列在计划之中，而恰在于真实的相遇时，"那种几乎是伴随着每次临场时肉体的感动"。它总是满足我们体验"找回一种过去或预示一种未来"的持续性需要，其实质是灵魂的上升与解放，责任的唤醒，自我控制力量的增强，因为植入希望而带来的美妙的战栗，爱自己与爱世界的冲动……

26.每一项事物——长期的禁闭政策、现实的焦虑、教育的传统与新的视野——都被迫凝聚在一起组成对未来的憧憬——因为当下是可憎、无法正视的，我们的目光时常仅仅注视着不断虚构的未来，仿佛只有在那里才有丰富的想象力和足够的安全系数，然而也正因为如此，未来已变得虚幻、难以信赖——我们一方面承受着痛苦与挫折，另一方面却不能不以虚妄为自我疗救，我们已经适应这奇怪的摇摆状态，说到底也几乎无法明白未来是否值得等待。我们处心积虑地抗拒着，却仍然只能把生命的能量消解殆尽。就本质而言，"在我们自身的存在中存在着一种无所不在的更伟大的力量和秩序"，这是值得肯定的，但问题远不在此处，问题只在于不断耗损的日复一日具体的生活，确是难以逃避的。未来在远处，是一种讥讽。

27.我不相信这种"未来"的教育学，我只相信真实的相遇——由此而引起的真善美的教育。必须关注每一个人正在融入他生命的知识，必须不断逼近对细节的审视，必须记录下肉体的波动和感受，必须与一个个具体的正在生长的人对话，必须不断地进入学习者和体验者的状态，"重要的不是对今日的适应"，而是今日时时让我们"深切地体会到人生是一种冒险"，生命永远必须从谬误和压迫中去夺取，生命永远高于任何的规则和荣誉。我信赖的是不断相遇、不断生成、不断自我质疑、不断超越的生命化的教育学。

28. 布罗茨基曾说："历史注定会重演，因为它同人一样，可作的选择不多。"为了避免历史的重演，也许只能像圣约翰所言："若要到达不曾拥有的快乐，/ 就得走一条令你不快的路。/ 若要到达尚不具备的有知，/ 就得走一条无知无识的路。/ 若要到达不曾拥有的富有，/ 就得走一条一无所有的路。/ 若要成为不同现在的你的你，/ 就得走一条不是现在的你的路。"

对于不断循环的命运的觉醒，也许能够使我们重新谋划更多样发展的可能性。

29. 我相信凡事超过限度，必定会受到惩罚。我想说的是，无论个人的行为还是整个教育体制。但问题往往在于，遭受惩罚的可能是谁呢？在教育之中，所有可怕的过错，都会以灾难性的结果首先无可替代地在具体受教育者身上呈现，最终总是每一个个人承担了所有的错误导致的后果。今天仍然需要躲避这样的悲剧。

30. 也许我们只能长期处于危机之中，危机激发了潜藏的活力，这一切仿佛正是一种无法逃避也不算太坏的命运。需要去造就自己对危机的忠诚，亦即对自主选择的责任的忠诚，也许这就是一种对命运的处置方式。

31. 突然从脑海里冒出几个句子："教育的最高境界就是使人对生命敏感"，"教育者必须具备一种对美的精细的感觉"，"一个心里没有音乐的人是不可信任的"。我已经记不得是什么时候曾被如此细致而锐利的思想所感动，但我仍然时常记得被美好思想激荡之后造成的长久的恍惚，先哲敞开的灵魂继续飞翔在道路的前方，空气中依然密布着种种美妙的暗示。

32. 良好的教育在细腻与沉静之中，良好的教育在敞开与自由之中。当伫足省思，我们就会明白只有等待着我们去工作、去实践，从而得以不断呈现的人的解放的教育，把我们导入爱与理解的河流，这个时候，我们是真实的，也是充满矛盾的，教育就是存在，经历存在就是探究人性与世界的奥妙。唯有如此，我们才能把教育看成一生最大的享受。

33. 教育作为"肯定的文化"的组成部分，它本质上是属于理想主义的，"对孤立的个体的需求来说，它反映了普遍的人性，对肉体的痛苦来说，它反映着灵魂的美，对外在的束缚来说，它反映着内在的自由，对赤裸裸的唯我论来说，它反映着美德之国的义务"（马尔库塞语）。理想的教育始终滋养着这样的信念：唯有人性的，才是真正属于人的，唯有属于生命的，才值得我们如此兢兢业业，备加谨慎。

34. 没有距离，便没有理解。距离是需要努力去造就的，以便继续作为另一个参与者而存在。只有在冷静的审视中，我们才得以进入事物的内核，并获得自己的尺度，此时的理解才具有真实的价值。始终需要避免盲目与狂热，始终需要用"另一种声音执勤"，另一个视角，另一个人，在恰当的距离之外。我们或者得到真正的满足，或者将一无所获。

35. 成全之道在每一个个人身上。人唯有参与到人的全部生活，才逐渐获得真实的存在，"一切竭力保持自身存在的努力，不是别的，而是该物的实际本质"（斯宾诺莎语），教育所能成全的就是人参与到生活的能力和热情，教育以它充满人性与期待的方式，不断地使生命的本质得到肯定，从而肯定了每个生命的意义。

36. 然而对每一个个体意义的剥夺与嘲弄，却使教育丧失了自身的立场，成为滋生厌世和仇恨情绪的温床，在与生俱来的学习心向日渐衰竭的同时，生命的主体能动力量也趋于衰微。当教育中不再有好奇与冲动，不再有对真善美的热切渴望，"既没有灵魂的声音，也没有灵魂的回声"，甚至不再有基于共同人生目标的个体之间的团结时，学校就成了某种邪恶的场所。

37. 因此，必须不断回到起点质疑时代的精神病症。这首先需要勇气，这是对自我生命的最大的肯定。勇气就是一种美德，"你的自我就在你的行为中"，当你履行责任，你就会体验到灵魂的震颤与向前跃动，然而，"你有勇气吗，我的兄弟？……不是众目睽睽之下的勇气，而是隐士与鹰隼的勇气，这是甚至连上帝也见证不到的？……那种知道恐惧但又征服恐惧的人是有魄力的人；他瞥见深渊，然而却带着高傲的情怀。那以鹰隼之眼打量深渊的人，那以鹰隼的利爪把握深渊的人，才是具有勇气的人。"（尼采语）

38. 第一次读到保罗·弗莱雷的只言片语是在四川省出版的某份教育刊物上，

我又一次体验到被闪电撞击的愉悦，我回忆起我曾经与弗莱雷照面过，只是从未真正地注视：词，思想，意味着我们生存的根本需要，而某些人赋予了这种需要背后永恒的意义。后来我打听到弗莱雷《被压迫者教育学》中文版的消息，并汇款到北京某书店的服务部，却不料石沉大海。再后来，竟在福州购得此书。当我翻开书时，第一眼看到的是弗莱雷所引用的黑格尔的一段话：自由只有冒生命危险才能获得，……没有生命危险的人虽然无疑可以被认为是人，但他并没有被真正认可为一种独立的自我意识。

39. 教育最终成全的是人的解放。"解放一个人就是要把他从各种障碍——偏见、暴政、歧视——当中解脱出来"，由此，一个人才可能承担自我责任，实现真正的自由选择。一个人也因此才可能活得像一个人。而从根本上说，教育从开始之处就必须确立这样的责任，这种责任同时可以看作是教育的信念。

40. 最重要的工作总是在底层。必须始终注视着底层。只有在真实的相遇中谎言才能够被揭穿。就是在那里，不是从那些仿佛最明白无误、最合理、最经常被描述为事实的东西开始进入，而是从最荒谬、最隐蔽、最阴暗、最惊人的各种事件、现象、行为开始的审视。有些人总是惯于通过"合法"的途径制造各种谎言，遮蔽真相。因此需要有细致甚至残酷的分辨工作，需要更多富有责任与使命感的"不同的声音"。

41. 我们的社会无疑正在拥有更多的财富。但同时有不少的农村却更贫困了，现在约有 50%～60% 的乡（镇）入不敷出。据一份权威报告，全国乡镇净负债额，乡一级为 1770 亿元，村一级为 1483 亿元。另据农业部 1998 年对中西部 10 个省区的调查，乡、村两级负债是普遍的，乡级平均负债 400 万元，全国 1080 个县发不出工资来，其中 60% 是教师工资（《读书》2002 年第 2 期，林光彬文）。数字可能是枯燥的，但当我看到这些数字时，眼中马上还原出了真实的教育景象。近年来不断有人呼吁更多地关注农村教育，因为我们最根本的教育问题仍然是农村教育问题。

42. 一年级的安培，因为上公开课控制不住自己，把头转到后桌说话，下课后，老师直接就把他"押解"到学校食堂，把他的脸按在案板上，举着锃亮的菜刀对安培说："听话，知道吗？不听话，我就把你的耳朵砍掉！"

在另一所学校，李亦因为犯错手掌被老师的竹条打肿了，上厕所时，李亦把厕所的隔墙推倒，为了"对老师的报复"。

在巴布豆的班级，先是第一次音乐课大批学生没带课本，接着第二次音乐课又有十几个学生没带课本，这回"不能原谅了"，一律站到了后黑板前，班主任也被请来了，一节课的"批评教育"，然后就是更具体的"改过自新"，罚一个礼拜不许到操场玩耍。到了周五，班主任课间上操场找人做事，一个也找不到，感到纳闷，到班上一问，才想起那条宣布完就忘掉的"决定"。星期天，班主任给巴布豆的父亲挂电话："我铸成大错了。"

某一天，到艺术师范学校讲课，四年级即将毕业的学生递了一张纸条，说的是前阵子到小学实习的事。第一天到班上给学生们说的第一句话是：从今天开始，我们就是好朋友，让我们共同成长。没想到学生回答说：老师，我们吃硬不吃软，你还是来硬的吧！这位实习生感到无比震惊，问我怎么看这件事。除了心里难过以外，我还能说什么呢？在编辑部看稿时，我已经多次接触到这类事情，时常，仿佛也真如那位孩子说的，我们需要的是"强硬"，而不是教养，然而，如此之中，教育真是铸成大错了。

一切都没有过去，"过去就活在今天"。

43. 2001 年 11 月 30 日夜晚给我的印象非常深刻。我在这个晚上与三位教师通电话，一位是城里一所"著名大学"淡泊于功名的副教授，现在却在家里补上个学期期末考试的标准卷，因为学校正接受教育部本科教育的检查，"所有的教师都在忙"。另一位是一所镇中心小学的"副教导"，"晚上正在学校里加班，大家都有具体的任务，已经几个礼拜了"，"因为学校要申报市级农村示范小学"。最后一位是校长，我拨通了他的手机，他正在宁夏出差，"带着钱到宁夏对口扶贫单位"，"这几个月学校里的老师都忙坏了，准备各种申报省级示范学校的材料"。哈维尔曾经写道："一个表面平静的社会很可能以善恶的混淆为背景，一种严格的秩序很可能以精神的麻木为代价。要防止这一切，前提是反抗谎言，因为谎言是一切邪恶的共同基础。"（转引自《读哈维尔》，《散文》海外版 2001 年第 5 期第 9 页）然而我们这个时代，最可悲的恰是几乎人人参与其中，却早已对之麻木不仁的各种谎言、虚假与伪饰。我听到过一位惯于作假，又深受其害的包工头的"警言"：什么是真的，也许除了今天是几号之外，就没有真的了。

我宁愿相信这仅仅是过激之辞。我们生活在属于自己的短暂的时代，曾满怀对时代变迁的期待，也曾目睹了各种急剧的变化，但是不是已经变得"习惯于口是心非，习惯于互相嫉妒，习惯于自私自利"？我们承受着一切不幸的遗产，很快自己也成为遗产的一部分。

44. 思想者必须保持自己的锋利。"要么思考，要么死亡"，这句话虽然是夸大之辞，却不失为对思想者责任的警醒，但是思考并不是一件快乐的事情，因此必须经历各种动荡与分裂，从而到达自我解放然而却可能是更为孤独的境界：我们无法战胜各种危机，但我们必须在各种危机中挺住。

十字路口的教育札记 (二)

1. 只有学校善待老师，确立"教师第一"的理念，实施"教师第一"的理念，教师才可能真正地善待学生。

2. 没有信任就没有人能够大胆尝试。

3. 在竞争激烈的环境中必然人人自危，彼此充满敌意。

4. 在竞争激烈的环境中真正地合作、惺惺相惜是不可能的。

5. 同情心源于自我反思、自我怜爱。

6. 真正的同情心是罕有的。真正的同情心是生命的超然、优越状态。

7. 没有自由就不可能创新。

8. 创新需要宽容失败，宽容背叛，忘记失败，忘记规则。

9. 整齐划一、循规蹈矩、渐进渐变是创新最大的敌人。

10. 创造性的发现都源于失败，源于混乱。

11. 不要考虑最好，要考虑最多样、最有个性。

12. 毫无宽容之心的人，内心是焦躁而绝望的。

13. 谁走在我的前面，谁就可以当我的老师。

14. 爱因斯坦说：负担过重必然导致肤浅。

15. 爱因斯坦还说：正因为我智力发展迟缓，我才没有过早丧失好奇和天真。

16. 你有什么样的情怀，你就有什么样的处世方式；你有什么样的期许，你就会有什么样的行为。

17. 我们缺少的不是强力与果断，我们缺少的是教养与耐心。

18. 不是我们不知道正道在哪里，而是走正道太难了。

19. 教师应该努力做一个"在寒天送炭，在痛苦中送安慰的人"。

20. 当教师受到来自教育内部各种威胁时，他可能很快就会威胁他的学生。

21. 好教师从来就不是靠培训造就的，更不是靠检查、评比、竞赛造就的，好的制度加上自我期许，才是好教师成长的必经之路。

22. 李叔同先生做什么，像什么：少年时做公子，像个翩翩公子；中年时做名士，像个风流名士；演话剧，像个演员；学油画，像个美术家；学钢琴，像个音乐家；办报刊，像个编辑；当教员，像个老师；做和尚，像个高僧——实在是了不起。令人更为敬佩的是他开导犯错误的学生总是"和颜悦色，低声下气"。他让我明白"低声下气"竟有深长的教育意味。

23. 陈之藩说我们惯常所持的"理直气壮，义正词严"的态度其实是有问题的，更好的方式应该是"理直气和，义正词婉"，两字之变，境界全然不同。

24. 没有爱就没有教育，爱总是意味着更多的尊重、理解、关怀和期待。

25. 无论何时，我们都应该秉持这样的信念：把自己的孩子作为一生中最重要的学生加以培养。这就是我们对自己家庭承担的最大的责任，同时也是对社会作出的最基本的贡献。

26. 在学生父母对学校教育无权、无力、无知的状态下，课程改革成功的可能几乎等于零。

27. 没有制度的保障，所有的改革都是脆弱、易变而且充满风险的。

28. 我们的教育问题仍然是经费和资源严重匮乏，管理体制极其落后，有专业素养和教育追求的校长相当稀少。另一个同样严重的问题是，整个社会的注意力只盯在教师身上，盯在自己的孩子身上，因而教育改革变得非常困难。

29. 2002 年我在中心小学听了 150 节课，我明白了一个简单的事实：教师走进新课程不难，难的是教育管理者怎样才能走进新课程。

30. 新课程的实践使我愈加明白，教育要有自己的独立品格，教育改革需要民主体制。

31. 新课程一定会呼唤小班化，呼唤教育民主，呼唤对每一个人的尊重。

32. 新课程的实践同时也使我明白，更重要的不是领导要更新观念，而是应该有更好的制度使有新观念的人成为领导。

33. 没有制度变革，新课程只会增加教师的负担，造成思想的混乱，使教师无所适从。

34. 我还明白了另一个简单的事实：投入不足必然加剧竞争，使教育越来越冷漠、功利、残酷。

35. 投入不足使教育愈加贫困，贫困的教育是没有真正的尊严的。

36. 今天乡村子弟能受到良好的教育、考上大学、考上重点大学的人数是愈来愈少了。乡村教育令人心痛。也许我们的教育真应该向乡村的孩子道歉。

37. 所有教育的发现都是人性的发现，所有教育的道理其实都很平实、浅近。教育的难处在于无所用心、听而不闻、视而不见，教育的难处还在于我们总是时不时地偏离了人性的"常态"。

38. 谁能够不计较自己所处的境况，不在乎他人的毁誉，而在一生中依靠自己，发现自己，成全自己，并不断从中找到事业最后的依据，他就堪称伟大的人。

39. 我们还需要牢记，无论任何一个人，哪怕是我们每天注视着他成长的任何一个人，对他越是熟悉，他也就越具有神秘性，具有不可知性，教育源于对生命的敬畏，对生命的珍爱，教育因而是一件极其谨慎的事，它需要教师精神世界的日益完善。

40. 我们最需要警惕的，也许就是对强力的屈服，对权势的膜拜，以及对自身权力不合法的滥用。

41. 对生命的热情，对知识的热情，对未来的探究的热情，是教师成为教师的奥秘所在。"热情"应成为教师的第一品格。

42. 当教师有充分的能力掌握自身的发展时，他才真正成为教育的一种进步的力量。

43. 教育需要的是持久的关注，耐心的等待，需要的是潜滋暗长与潜移默化，"立竿见影"往往是有害的，甚至是反教育的。

44. 哲学家雅斯贝斯说：以正确的方式传授知识和技能，其本身就已经是一种对整个人的精神教育。

45. 如果没有对每一个具体的人的关注、尊重、宽容，我们怎么能说我们所从事的是教育工作呢？

46. 要给教师更多的尊严和更高的地位，如果我们国家能够把小学一年级教师当作大学教授那样对待，仅此一项措施就足以使我们的中小学充满生机和活力！（教育家博耶语）这样的理念几乎是不可能实现的，但我们要把这个教育家的名字记在心间。

47. 更重要的并不是我们的教师出了什么教学能力、做人品格诸方面的问题，而是要创造更好的条件，提供更好的学习机会，才能使教师得到更好的发展。只有让教师成为自己，我们的教育才可能成为真正的教育。

48. 今天名目繁多的检查评比和对学校对教师的责难，已经严重伤害了教师的身心健康，损害了他们对职业的认同感、责任感和荣誉感，从某种意义上说，教师已经成为颇受非议的一个群体。而那些责难者和检查官员往往对学校工作知之甚少，甚至从未在一个班级里待过三个小时以上。

49. 其实任何一个人如果单独负责五个孩子一天的生活起居，或者领他们到一个餐厅就餐，都是非常困难的一件事，但是教师工作的艰辛却往往得不到理解，得不到尊重，这是值得深思的一种社会现象。我想说的是，当一个教师在工作中出现失误时，绝不能简单地说一切都是教师个人的责任，可能更需要反省的是我们的教育制度以及社会为教师所提供的工作环境和生活条件。

50. 只有你尽可能多地关注、理解、尊重和期待一个人，你才可以更多地要求一个人。只有你真正地善待一个人，你才可能真正地理解一个人。

51. 教师是教育变革最重要的力量，而不是变革面临的困难。把培训工作看作是对教师的"洗脑"，暴露了某些人的无知、粗暴、文化专断和"先知"情结。

52. 如果拥有更为开阔的眼界和更为开放的心态，我们肯定会秉持这样的信念：今天的异端会成为明天的信条，今天的叛逆会成为明天的楷模。

53. 我们时常是在屈从的处境中思慕人性的自由与完整。我们几乎从来就无法自主而又充分地表达自己。我们被蒙蔽太久，以至于以为这是生存的常态。我们容许使用的也许真的只有最后的武器——"沉默、放逐、狡黠——来做自我防卫"。

54. 在我们生存的空气中到处都是陈词滥调，陈旧的比喻，钦定的套路，令人神情麻木，昏昏欲睡。这些都是"语言堕落"的事例。从何处培植一个民族思想的活性、教养、创造力呢？当我们浸渍在这样的语言状态而感到安适自在时，我们就可悲地与现实的情境合而为一了。

要以不满意、闷闷不乐为荣，"这种心态不但成为思考的方式，而且成为一种新的，也许是暂时的，安身立命的方式"（萨义德语）。

55. 我们的文化仍处于衰败之中，这种衰败的重要标志就是千人一面、万口一词，套语盛行，处处都是文化掮客、庸才和形形色色应声虫的身影。也许只有远离"强势媒体"、"主流文化"，目光向下，把生命的重心收回自身，我们才能保持警觉、活力和责任感。

56. 以我有限的学识和遭遇所获得的判断，我厌恶"轰轰烈烈"的教育，那不是教育。一切"轰轰烈烈"背后都充满了露骨的功利取向，都可能导致对教育的扭曲。

57. 也许需要关注的总是更为具体的教育，琐碎的、细致与费神的每日教育，我们的目光总是要转向对一个个儿童的注视与询问，转向对一个个教师的观察与交流。我愿意自己是目光短浅的人，我也变得越来越不善于掩饰自己的情感。我愿意将自己暴露在外。

58. 层出不穷的"转型"、"变革"、"抽查"、"评比"、"晋级"、"减负"、"增质"、"新……"，教师始终是被动的客体，始终是沉默的大多数，始终是"革命"的对象，只剩下"谦和"、"自卑"以至"几乎不会教书了"。这一切也几乎不再成为问题，而是成为日常形态。

59. 顺从是没有活力的。顺从者也不会有自己真实的面目。

60. 只有赋予教师自由、尊严、权利，教育才可能是真正有创造力的。

61. 教育改革的最大障碍是官僚体制、集权管理和各种不断变换花样的统一考试。社会对教育的期待越强烈，可能也就越盲目，学校与教师所承受的压力也就越为繁重，同时还可能越难以为人所理解。

62. 任何有意义的变革都是在人内心发生的，教师需要为自己心灵的自由预留开阔的空地，教师也应该为自己优质的生活承担更多的责任，实际上所有进取的努力都可能意味着一种自我救护、一种有助于提升生命的自我期待。

63. 需要永不妥协地思想，当你付诸行动时，却必须有所妥协，或许不能不有所妥协。你可以永不妥协地思想，但你不能要求任何人与你一样地思想。

64. 不要宏大叙事，甚至也不要微言大义，只要细致地体会，只要用心地注视。

65. "人类感受到的最大快乐之一是迅速逃到无知中去追求新的知识"（英

国作家罗·林德语），这真是人类普遍的快乐，还是一个具有现实可能性的美好描绘？

66.我们反抗自己的境遇，却不得不顺从命运。我们在对命运的顺从中，屈服于自己的境遇。

67.单一性导致脆弱，更导致偏执。

68.对众声喧哗的恐惧，往往通过使人恐惧的方式，使之复归缄默与顺服。

69.我有时不得不怀疑："恐惧"是不是已成为我们的遗传基因之一？

用另一种声音执勤 ①

1. 教师的精力与能力如果仅仅能够应用于日常工作，只能应付维持生存的当务之急，那么教师是很难具有反思力，并将自己的思考转向内在生活与思想的。思考、质疑、在日常教育工作之外的用心，都属于奢侈的"消遣"。当我们迫于生计，并受制于各种压迫，我们的灵魂是粗糙与躁动的，我们的生活更多的是适应与屈从，是消耗与厌倦，我们的一生也将是飘零和混乱的。

2. 涂尔干曾经在他的《教育思想的演进》中写道：实际上，教育理念的发展和人的所有发展一样，并不是始终很有规则的。历史上，各种不同的观点你方唱罢我登场，发动了一场场争斗，在这些争斗中，颇有一些正确的观念被扼杀，尽管根据它们内在的价值来判断，它们原本应该留存下来。和别处一样，这里的生存竞争只能产生非常粗略的结果。一般说来，生存下来的也是最具适应性的，最有天赋的观念，但与此相对的是，在种种情势的偶然凑合之下，又有多少成功并无价值可言，又有多少失败和覆亡令人扼腕叹息。

3. 在我的笔记本上记录下了罗马尼亚思想家尼明斯库的一段话：

有时候我不禁会这样想，属于这个时代，并被这个时代的需要与倾向所主宰，成为"成功人士"的那些人，往往是面目可憎的，他们的卑陋和激情恰恰体现了这个时代所信赖的一种"精神"。而我愿我的目光更多的是注视着那些失败者——人微言轻奋力挣扎的人，找不到方向默默生活的人，日益边缘化望不到尽头的人，因为从来，我就只是他们中的一员，我乐于接受这样的处境，并

---

① 本文曾收入《幻想之眼》(华东师范大学出版社 2006 年 12 月)。

把它看作是自己的命运。

4. 这些年来我一直提倡生命化教育，强调"教育是一种慢的艺术"。最近读到佐藤学的著作，看到佐藤学也有类似的观点："这场教育革命要求根本性的结构性的变化。仅此而言，它绝非是一场一蹴而就的革命。因为教育实践是一种文化，而文化变革越是缓慢，才越能得到确实的成果。"此外，佐藤学还主张教育变革应该是"静悄悄的革命"，认为它是从一个个教室里萌生出来的，是植根于下层的、民主主义的、以学校和社区为基地而进行的革命，是支持每个学生的多元化个性的革命，是促进教师的自立性和创造性的革命，这些都是能给予人启迪的见解。

5. 关注每一个人，帮助每一个人，肯定每一个人的教育变革，也许还没有真正地开始。我们只要稍加思考，就会明白这是多么困难的一件事，但是，这样的努力才是教育的方向和本质所在，我们谈教育怎么能不从一个个具体的人说起呢？

6. 坐在一间又一间教室中，我想得最多的就是每一个人，一个又一个的人，有时我甚至会忘了自己确切的任务，而把目光长久地落在某个孩子身上，在自己的目光中，常常洋溢着父亲式的忧虑和悲情。有时，课堂上一个微小的成功也会让我眼睛湿润，情绪难以抑制——我期待的就是每一个孩子都有幸福、充实的童年生活，课堂上有淡淡的、自然流淌的人性的美。

7. 如果变革无法真实地发生，如果教育人生失去了"进路"，我们就几乎无法避免应命的、厌倦的，甚至行尸走肉般黯淡的生活。对此，我并不是要作"价值评述"，而仅仅是记录下了我所亲历的具体生活的一个侧面，更多的人都感受到了这一切，更多的人——我们时常有垮掉的感觉。

8. 每个人都是教育的一部分，让我们时常想到这"每一个人"，这样我们就能想到自己，想到每一个人微小的责任，每一个人对空缺和盲点的"补位"。教育要有补于世道，我确信一定是从每一个人的努力与自我意识开始。

9. 在我们的中小学校常常可以看到爱迪生那句著名的励志名言："天才（或成功）等于99%的汗水加上1%的灵感。"爱迪生个人巨大的成就使得这句名言就像真理一样毋庸置疑，一代又一代的中国学生无不从中获得过教诲与启迪，甚至还经常会使人产生这样的自我判断：我没有成功只是因为所流的汗水还不够！而要求一个人不断加码地勤奋也永远总是合理合法的。最近，一个偶然的机会，我看到了爱迪生名言另外的半句："但是，那1%的灵感最为重要，甚至比99%的汗水还要重要！"说实在的，这不知出于什么原因被删掉的"半句"令我无比震惊，它使我明白原来爱迪生所要强调的并非落在"汗水"之上（虽然一个人的勤奋也非常重要），而是要对极其稀少却无比珍贵的"灵感"以令人吃惊的夸张方式加以肯定。也许正是因为人的最独特、最具活力、最让人惊叹的哪怕微小到只占1%的"灵感"，能够得到保护、培植、肯定和发展，一个天才的出现才真正具有了可能性。

其实，爱迪生所说的也只是一个时常被人漠视的常识。

10. 也许，删掉爱迪生名言的另外半句也是恰当的。"应试教育"恰恰正是只相信汗水的价值的，每一天都是"非常时期"，都要进行"非常的准备"，要拼的都是体力、睡眠和精细；都是谁赢得了"考试"，谁就赢得了"未来"。"灵感"、"奇思异想"、"个人的独特性"哪里有它们的价值？"应试教育"哪有空间容你迟疑、犯错、发展暂时缓慢？哪里会说"孩子，你慢慢来"？

11. 可是，在"就范和驯服"之后，我们也是很难对"灵感和创造力"抱以期待的，我们不仅可以作这样的判断，更是可以"一眼就瞥见"无数这样的现实，这是一个庸常的时代。

12. 也许，我说得远去了。显然不能责怪爱迪生什么，爱迪生也不会想到他的一句人生感悟在中国竟然会有这样的命运。爱迪生也曾经面临过他的问题，但我们更要思考的是今天的儿童所面临的——无论在什么样的境遇、什么样的空间里，我们都作一些顽强的思考。

13. 我们所做的工作是永不够的——甚至，很难有真正的勇气表现出对儿童真挚的爱，对未来还有一点理当有的责任与信心。但是，我仍然相信每一个个人的重要，这种重要并非表现为他有多大的创造力，而是作为一个人，以自己有限的智慧和努力融入到文化积累与文明进程之中，他既是一个发展的中介，也因此而成为一个创造者。

14. 我们仍然要作这样的期待，同时并不袖手旁观。要坚信微小的改变仍然是有意义的，哪怕就从一条贴在墙上的格言的"修正"开始，这样的工作也绝非徒劳无功。

15. 那么，这样的审视与反思也就应该成为我们的日常功课。当我们睁眼审视世界、审视自己时，我们的心会变得澄明、敞亮，并逐渐拥有自己的价值判断，因而也就更有可能走在教育的正道上，或者，我们至少能意识到教育的正道在哪里。

16. 有时候我会忍不住对我的朋友肖川、刘良华有点羡慕，不过羡慕的并不是人们惯常更容易羡慕的那一切：名誉、地位、财富等等。我羡慕的是，肖川的儿子刚刚读到小学二年级，刘良华的女儿似乎还没上幼儿园，而我的女儿已经读到初中三年级了。这种羡慕再微小、简单不过了：他们的孩子都还小，离灾难的初中高中"应试操练"尚有一段距离——当然，反过来我对"应试操练"的严酷的观察与体验也会比肖川、刘良华更为真切、更为"生命化"些——我并不是遗憾自己的孩子生早了（我不忍心说这样的话），但是确实可能是，孩子还是迟一点生的好。

17. 我这样说，恰恰是一种"乐观的思路"——我们的希望肯定不在眼前，而是在仍然留给我们想象和期待的未来——谁知道呢，对改革大概也无法着急（套用某人的话，它是不以人们的意志为转移的）——总会有更适合孩子成长的学校正"构建"在遥远的未来，只是我亲爱的女儿没有享用它的福气。

18. 在这里我杜撰了一个新词——"应试操练"，我觉得也许它会比"应试教育"更为恰当一些。

19. 我时常听到的问题的答案就是：这一切我们都知道，可是能有什么办法呢？——每天这样的拷问都会逼近我们的灵魂，这一切也使得我不愿意去虚构教育，甚至你根本就没办法虚构。最后，没有例外的是谁都麻木了，就连孩子们也日渐适应，日渐"坚强"，他们知道奇迹并不会在自己身上降临。我们说想象力的丧失，其实，一个无法自我期许的人，一个没有环境能容得下一个人自我期许的时代，想象力既无价值，也更容易消逝，这就是现实。

20. 谈论"乐观"、"悲观"从来就没有什么意义，更确切的词是承受、忍受，同时抱着微茫的希望，记录下我们的生存，也许便获得了某种穿越。总是在坚忍的穿越中才能明白活着是如此简单而艰难。

21. 我还想这样接着思考问题：我们几乎只能生活在当下的"教育状况"之中，新的改变既迫切却也难以下手，也许我们可以做的并不是旨在改变现实的行动，而是一种思考教育的方式，一种新的思维的可能性：从禁锢中挣脱——重新开始呼吸，一种自我蜕变，并逐渐成为"被动的主动者"（佐藤学语）。我们并没有把握住自己的命运，而是有限度地开始了新的思维的方向。

22. 当我们说这是一个平庸的时代，或者也像肖川那样质问"我们为什么如此平庸"，我知道"平庸"已经成为我们的语境，我们既是其中的一员，又是不断被"造就"的——对每一个个人和整个时代而言，这都是最大的不幸——在加尔文的新教运动之后的一百年，日内瓦城就没出过一个欧洲级的人物。也许，只有拉开了历史的间距，人们才能比较客观而沉痛地看清楚这一点。

23. 美国学者约翰·肯尼斯·加尔布雷思认定教育事关社会是否安定，因为"正是通过教育人们才有希望或者可能从不利的社会经济底层摆脱出来，加入更高的社会经济阶层"，"不受教育则毫无希望"，教育是改变个人地位的决定性因素。反过来也可以说，当社会最贫困的人不能享受好的教育时，社会的两极分化势必进一步加剧，不安定的因素势必加大，各种危险也势必变得更为可怕。加尔布雷思说的几乎就是我们最为担忧也最为危险的现实问题。

24. 我们一直强调人口数量问题是中国最大的困扰，这话也许只对了一半，人口质量的低下其实才是更可怕更严峻的问题。看看周边人口密度远高于我们、社会发展良好的国家和地区，就能明白我们的问题所在。加尔布雷思说："在当今世界上，没有任何一国受过良好教育的人民是贫穷的，也没有任何一国愚昧无知的人民是不贫穷的。""在民智开启的地方，经济发展自然水到渠成。"可以说，教育问题不仅关涉社会的安定，其实教育更是直接为人民谋幸福助发展的根本基石，离开教育，所有的"蓝图"肯定只可能成为空头支票。加尔布雷思因此强调："凡是国内安定、政府还能行使其职能的国家均应把教育置于首位。

必须为教育——学校经费、教学设备、教学工资，特别是教师的培训——提供充足的资金。""一切政策必须以教育为中心。"

25. 加尔布雷思对"好社会"中教育的论述，对我们而言犹如隔世之音。我们活得太沉重，任何的改变都太困难，对"好社会"也几乎不存"非分之想"，也许我们更易于逆来顺受、认命，奉行"活命哲学"，因为恐惧和沮丧早已植入我们的记忆——所有的思考和表达都那么的困难！

26. 加尔布雷思所表达的"好教育"理念也是一种"前提性"的思考，有了这些前提，或者有一种良好的机制使这些前提成为基本现实时，你对教育的谋划才可能完全不同于"匮乏"、"压抑"、"偏执"与"专制"状态，你的力量才可能用在更正当更高尚之处，这个时候教育才真正处于"正常"、"自然"生长之中，教育才现实地成为有补于世道的一种力量。

27. 可是，总是有太多的扭曲和恐惧使我们处于生存的本能之中：趋利避害、明哲保身、见利忘义、唯利是图，我们甚至已经有足够的经验深信自己的选择，如果这也算是一种选择的话。任何的改变都是充满矛盾的，我们要么是悲观主义者，要么就是浅薄的利己的享乐主义者，尤其是我们几乎无法现实地认定自己动机的高尚，总是更易于成为一个时代卑俗的合谋者。

28. 当我谈论教育时，我信奉的是一种"进化论"——时间的淘洗极其缓慢，却是最后的获胜者。也许今天的人们看不到你期待的一切（不管我们怎样生活，肯定还怀抱种种希望），它却正在到来，它就在生成之中。我乐观地深信中国的教育也定然不会成为一种例外。

29. 我还深信，当我们改变思考与表达方式时，我们的生命也处于微妙的改变之中——非现实地进入了一种更好的可能性，一种缓慢的自我哺育之中。

30. 仍然需要不断地思考什么是真正的教育，它并不是一种真实的"世界的状态"，更多的只能是一种精神的状态——它在远处引领着我们对现实的审视，对美好可能性的向往与追求，但无论欢欣或痛苦，怀疑或冥想，也许，"过去和未来都不属于我们"，我们只能活在各种限制中的当下，所有微小的变化都因此变得格外有益，我们看到的不是"希望"的成形，而是这些工作本身就是意义。

31. 我期望这些句子是我写下的：真正的教育，就是帮助每一个人获得成熟和自由，使生命绽放于爱与善良之中。

无论我对生活心存什么欲念，我都仍然信奉"好教育"，我几乎认定只有这条道路对人的成长是最恰当、最便捷的。

因此，我对教育中的一切邪恶的憎恨便格外的强烈，它有时会使我变得过于激烈、不切实际、矛盾、不从容、性情阴郁。现在我努力调整着自己。仍然是教育使我获得方向感。

32. 我们仍然免不了忧郁、沮丧和自怨自艾，同时我也深知在教育中一切的努力绝不会毫无成效。我们并非西西弗斯，这个荒谬的英雄以自己的整个身心致力于一种没有效果的事业。但也许正是痛苦和虚无造就了你活着时清醒的对生命的意识，有这样的意识你就是幸福的，与其憎恨黑暗，不如依恋每一天的生活。

33. 我们每一天都在迈向衰老，我们与其自怨自艾，不如把生命的边界不断地扩大。精神的富足仍然是可能的，我更愿意说它就是阅读、冥想、交往和观看。活力的维持与增强也仍然是可能的，它就是对生命的强烈依恋。

34. 世界万物中生命是最为奇妙的，这样的感慨与其说是我对多样性的惊叹，不如说是我对人身上存在的无限差异性的惊叹。有时，我就是因此而爱恋自己生命的"唯一性"的。

35. 也许，不妨这样思考：在我们有限的生命中，教育的根本变化是极其困难，甚至不必等待的，我们把现实作为最终的结果来承受，以此为起点——在艰难之中赢得生存，在限制之中求取发展，在不自由之中渴望自由。

36. 没有人能永远冥顽不化，没有冰山能永不消融，没有强制和邪恶能不被憎恨和唾弃。在思索的每一个瞬间，我们真实地活着，生命不会因为最终的悲剧、哀痛和死亡而变得毫无意义。所有正义和真善美的渴望，都是力量的积蓄——也许它不是现实的力量，但你会相信这一切仍是有意义的。"这一切亦将永存于后辈的细胞里"，我们身上珍藏着所有的历史，也珍藏着人类的未来。

37. 尽管教育面临着巨大的困难，我仍然深信教育正在发生重要的变化，这一切更主要的是在课堂和校园之外发生的，更多的窗门已打开，所有的专制和扭曲也因此变得更为刺眼和丑恶。虽然教育的痛苦仍然具体而强烈，但是，孩子们正在引领着我们，肯定他们的灵性和活力，就是肯定我们的未来。

38. 我们对自己生命的爱远远不够，我们对孩子的爱也远远不够。只有我们敢于担待，敢于坚定地站在生命的背后、孩子的背后，我们才是真正有勇气，并回归自己生活的。我们为自己的怯懦找寻了太多的理由，心智也变得黝黑、盲目和颓丧。对自我的反思总是远远不够的，不要责备孩子，不要贬低他们的未来，尽最大的可能，多打开一扇窗门吧，我们也在造就着自己，从失落中重新回归自己，从失败中认识失败，从屈服中重拾勇气。

39. 一方面"新课程"仍在推进，"课改"也仍是主流的教育概念，另一方面教育正面临着越来越具体的困难，教育投入的严重不足以及制度与政策因素的制约使得任何变革都举步维艰，在很多地方、很多学校实际情况往往是对升学率的追求已经从"片面"变为"全面"、"公开"与"扎扎实实"。每个人对这样的教育一定都有自己的感受，我们与其怀抱幻想，不如接受这样的现实。在应试教育的格局中，人性、人道、生命化的教育是否仍有它的可能性？我们是否仍有勇气去实践仁慈和人性的关怀，在重压之下仍不忘对一个个比我们更脆弱的生命给予真挚的爱？

40. 其实，教育几乎总是变化最慢的。经常，它就是按照惯性、定势和它所依存的各种社会文化、制度、经济条件运行的。也许，任何一个时代都不能对教育要求太多、太强烈，要求过多、过于强烈则容易产生断裂和无所适从。

面对这样的特性，我们无论多么不情愿，也只能把它看作自己生存的基本环境。

41. 也许，我们更需要做的、更有可能着手的不是变革与创新，而是调整、改善、弥补和充实，我们必须直面我们所不能改变的一切，我们不能仅仅是痛苦和沮丧，更需要选择的也许就是"最不坏"——从任何可以改变的地方开始，不要去思考尽善尽美，做到"最不坏"就极其难得。把我们的目标放得更低更小一点吧。

42. 我们可以"乐观"一点看待教育的现实：变化仍在发生，变化确实是一种现实，如果我们无法往前看，那就往后看吧，这样就能多一些欣然。

43. 有时候我们不知道用力的地方在哪里，也可能有很多原因影响着我们付出的"用力"，那么，还是让我们回到具体的生活吧，努力使自己和身边的每一个人都有幸更多地润泽在人性之中，我们就不会忽视了简单又容易获得的生活的滋味。

44. "坏的制度"会鼓励和教唆人变坏，使人失去判断和反思力，使人变得愚蠢而野蛮。在我们不能对之有所改变之前，我们一定要对它有更多的警惕。

45. 说些高论总是容易的。这些年各种教育的高论已经太多，教育仍要从最基本处做起，让校园适合人栖居，笑声朗朗，书声琅琅，让孩子更热爱他们的今天，而不是强烈渴望遥远的未来。如果我们不能过好今天，也可能我们就没有未来。

46. 我常常发现，更可怕的是人失去耐心，缺乏最基本的修养；更可怕的是不自知，自我陶醉，自甘粗鲁、卑俗。有时候这才是教育更为具体、尖锐的问题，但是它往往被各种任务、指标、困难遮蔽了。因此研究教育，最需要的是倾听、观察、记录和描述，研究教育就是"回家"，回到教育，回到细致、持久的省悟之中。

47. 我们帮助孩子获得知识，我们学习和孩子共同生活，也许只有在这样的一体感中，孩子们才能感受到我们对他们真挚的希望，这种希望不是外在的对他们的馈赠，这就是共同生活的意义——我们彼此葆有希望，这样的信念是生活的动力也是价值所在。

48. 不言而喻，教师要有一颗教育的心灵，敏感、细腻、坚强、执著、明确、美好，教师甚至"要比热爱自己的党派、教会更热爱自己的学生"（罗素语），教育确实要以爱为底色。谈论教育就是谈论我们的孩子和未来——然而，只要一静下心来，我们就知道自己实在被扭曲得太厉害了，我们还有多少真挚的热情、承担的勇气，能够在各种困难中坚持、执著。莫名的焦灼与恐惧盘踞了我们的生活，太多的指标、任务、功利已经控制了我们的心灵，我们渴望着美好，内心却变得越来越无望与冷漠——坚冰时期仍然延续着，有时我们几乎无法越过它，瞭望到自由和有活力的未来。

49. 常常我会清晰、明确而又不无痛苦地意识到自己思想和创造力的枯竭，同时我明白这种枯竭绝非一个人的事。也许，我们还必须正视这样的事实：这是一个思想和创造力枯竭的时代，无论从历史的纵向还是我们所处时代的横向加以审视，情况都大抵如此。这是一个令人沮丧与气馁的时代。持久的战争、政治运动、屈辱的生活耗尽了一代代人的智慧和活力，有时我们甚至一辈子都无法挣脱作为"平淡无奇"的"被压迫者"（弗莱雷语）的思维模式。我们自足、庸常而耐心地生活在一个奇怪而漫长的过渡时期——这是一种比较乐观的表达。

50. 有所坚持、有所放弃、有所抗争也是困难的，当你真的去尝试时，你就明白了，更多时候我们似乎只能自然而然地选择顺从、沮丧、怨恨和焦虑。我不得不说，内心的苦楚是很难诉说，甚至是无处诉说的。焦虑不是一种心情，而是一种感受世界的方式。

一些"渺小的思想"，正在贯穿我的一生。

一些散乱的念头正在引导着我。

51. 我们面对的教育实际上是缺乏平等、威权管束、以应试能力的培养为基本目标取向的，我们面对的教育同时还存在着严重的投入不足，不少学校挣扎在贫困线上，谈论教育怎么能不正视这一切呢？这些状况的改变才是教育改革要致力的核心问题。这些前提性的问题从根本而言，严重阻碍了教育迈向人性，迈向对个性和想象力的尊重，甚至成为教育中一切困难与灾难的源头，我们有多少的心力就白白耗费在这种种无法改变的困局之中呢？没有这些前提性状况的变革，要谈论创新和创造力是一件多么困难的事！

52. 因此，我也明白为什么我们会感到"无计可施"、"难有作为"，这是真实的状况，并非我们脆弱，无所用心，不够坚韧。教育改革确实就是寻路之旅。

53. 但是，我仍然要说，为微小的美好所付出的努力是值得的。这是因为，教育基于真善美，直抵人的心灵，教育直接面对每一个正在生长中的生命，教师个人的美好无论何时都弥足珍贵，也许正是它，构成了童年最有意义的"希望的生态"，只有它，才能播撒与邪恶对峙并积蓄最终摧毁邪恶的力量。同时我还要补充一句，今天，正是这些身上葆有美好元素的教师保存了教育最后的价值。

54. 幸运的是，教育总是具有潜在的、不断积聚的巨大的力量，从来都是如此——如果我们有耐心去体察，有信念去促进，我们就更有可能回到自己——从自我生命的反省中返回教育，回到一种更多元更具开放性的自我认同中，从而能够避免再一次的迷失。

55. 当我们谈论教育时，往往语调会变得激昂或消沉。当意识到这一点时，我总是尽快让自己的情绪调整回日常化的状态：用生活着的方式去理解、表达。我并不是另外一个人，也没有什么力量在我心灵深处爆发了，每个人都是过程，每个人都只能看到一小部分，我是一个"乐观的悲观主义者"。

56. 刘铁芳先生以下几句话说得对极了，我觉得有必要认真抄录一遍，以表敬意和强烈的认同：凡把自己的教育理论、方案、谋略说得天花乱坠者，皆不可信；凡动辄言称"学习的革命"、"教育的革命"、"……的革命"者，皆不可信；凡动辄宣称教育的真理在握，非如此不可者，皆不可信；凡把教育的奥义说得伸手可及者，皆不可信；凡把教育的改革发展说得易如反掌者，皆不可信。言称教育改革如探囊般容易者，也许乃是因为他们自己就是改革的最大受益者。

刘铁芳用简单、有力的句式，明确不二的立场洞见了纷繁复杂的各种表象背后的教育真相！

57. 许多年来，叶澜教授持之以恒地躬行"新基础教育"的理念，无论到哪所实验学校，她必定要先上教室听课（而且每次都是聚精会神地坐在教室的最前面，她说这样才看得清楚每个学生的"动态"），必定要先和实验教师对话，为他们"捉虫"、指路。如果没有外出，她几乎每周总会安排一天时间，早上六点多钟就出发到一所学校，上午一听就是四节课，中午简单用餐后，就开始评课、交流，然后则是讲座和对学校工作提出自己的意见。她家里人告诉我，每次这样的活动结束后回到家往往要到晚上六七点了。叶澜老师是当代最有影响的教育学者，她的"田野作业"方式同样令人赞叹、敬佩，启人心智！

接着我要用刘铁芳的句式这样说：凡从不进教室，从不听课，从不与教师细致交谈，每到一地必作大报告的那些"学者"的高论，皆不可信。

58. 当代教育有一惊人现象，就是有越来越多所谓的"名师"在全国大大小小的教研会上"走穴客串""现场送艺"，而且若稍加注意就会发现他们反反复复"操练"的也就是那么几节"经典"课堂——有位"名师"这样说，不是我们上不了别的课，而是实在输不起——但是，你不能不叹服的是几乎每次这样的课堂上都是观者人头攒动，群情高昂，好评如潮，真的堪称教育艰难时世中的最壮观的一幕悲喜剧。

59. 美国教育家博耶说，学校还是小的好。那么小到什么程度为好呢？"小到学校所有师生都能彼此叫出对方的名字，亦即人数控制在二三百人内为最佳。"博耶又说：当班生数超过30个人时，教师的注意中心就从对个体的关注转为对班级的控制。这些见解都令人感佩。但博耶一定想不到，在中国有那么多"名师"在叫不出一个学生名字的情况下也能把课"做"得神采飞扬，他更不可能想到一些更厉害的"名师"竟可以在体育馆数千名观众面前，在叫不出一个学生名字的情况下把课"做"得神采飞扬。也许，从某种意义上说，这正是中国教育"胜过"美国教育的"难能可贵之处"。

60. 苏霍姆林斯基是个有伟大毅力的教育家，他长期的对学生细致的观察，对思考与写作的坚持，甚至每天一定要听两节课的习惯，都是令人景仰的风范，这些行为本身也就是一种教育家的精神。

我们也能有勇气与毅力对自己的信念坚持不懈吗？特别是校长们是否也能试着每天进课堂，就从"最简单"的听课做起？

61. 我对20世纪60年代、70年代、80年代、90年代出生的人"受教育过程中负担状况"做过一个粗略的比较，我发现童年的边界在缩小，教育的负担在不断加大，"应试"的意识越来越深入人心。有时，我会消极地想，改革当然重要，但在改革取得成功之前，我只盼望着教育的生态不要继续恶化。

62. 现在我坐在教学研讨活动的现场，第一节课要开始了，我也有点紧张。"舞台"上的孩子们正专注地听老师作"最后的部署"。我头脑里突然冒出了这样一个句子："兴奋而可怜的孩子。"诚如一个学者所言，如果我们真的爱孩子，我们就应该尽量少开公开课，尤其要少举行大型的、为了显示课改和实验成绩的公开教学活动，就让教学过程尽可能如它所当有的朴素与自然吧。

63.不管怎么说，在众多旁观者面前上课，老师的兴奋中心在于"表演"，我说的不仅是那些夸张的作秀，即使是比较朴素、自然的课，教师仍然受制于任务、荣誉、现场的氛围，他的教学也全然不同于在自己的教室日常状态下的教学。除了"手段极高明"的"行家里手"外，一般教师上课的过程（从接受任务、反复准备到上课结束）都是精神的"炼狱"过程。因此，我还要说，如果我们真的爱教师，就应该尽量少让他们受这样的煎熬。

64.我说的这些，其实也是对自己的检讨，我经常也是这类研讨活动的组织者、发起人，我可以把责任推到"不得已而为之"，"舍此之外，也没有更好的办法"之类，但是反省总是必要的。还有一点必须特别强调，要了解一位教师真实的教学水平，听一节公开课是完全不够的，说得难听点，有时公开课还会制造假象，引人误入歧途。对于公开课的危害与危险，我们的认识还远远不够。

65.看着简陋的舞台上，被强烈的灯光照得"挥汗如雨"的师生们，我想到在当下的教育格局之中，谈教育仍是一件困难的事，不是优质教育，不是素质教育，也不是"新课程"，而是，课堂上如果真正有了一点民主意识，有了一点对学生的尊重，有了一点学习方式的改进，其实已经是善莫大焉了，我们对"好课"的期望过于强烈也绝非什么好事。

66.我常想"新课程"并非我们的起点，我们离这样的"起点"还非常遥远，它只能是教育长期追寻的目标，我们应该不断创造条件去趋近它。这样，我们就不必为了更像"新课程"，而做假、伪饰，反复操练，相互欺骗，我们就能从容看待自己的不足，更容易找到努力的方向。

67.教学过程从来都是知识和精神的探险，40分钟的"旅程"短暂而艰难，我们更应该带着好的教育理念，而不是好课的标准进课堂，一切外在于师生生命、情感、知识、经验的标准都是靠不住的。一位优秀的教师即使在公开教学时，他关注的中心也应该是，让每一位学生获得尽可能多的安全感和放松感，使每一位学生都能更为积极、健康地参与学习，以至于很快忘记了公开教学，而使课堂回归它的"原初"，生命能够进入更为本真的状态。

68.一个教育管理者（我笼统地把局长、教研员、校长等都称为管理者），如果仅靠公开教学活动来观察教师，并以此作为评价教师的依据，那一定会有很多的偏颇。尤其是校长，其最重要的工作，应该是在日常状态下，对每一位教师长期、细致的关注与帮助。公开课对教师而言，展示的其实是一种类似于节目主持人的能力：如何笑容可掬，驾驭有度，风趣盎然，处变不惊，临危不乱，精于设计，引人入胜之类，而具备这些能力的教师总是极少数，于是大到全国，小到一所学校，能登台表演的总是只有那么几位"明星"教师。

69.我并不是要全然否定公开教学研讨活动的价值，我特别想说的是，我们一定要把公开课还原到尽可能自然、朴素的状态，要更警惕利益驱动的危害，要更多地体谅、理解教师与学生的难能可贵之处。在教育工作中不容易的也是一种平常心。

70.我所坚持的，是长期深入相对比较自然状态之下的课堂，当然这样的课堂仍然还会有一些"水分"，但这个时候确实难以再简化以使之更自然了，这样的课堂给了我更多思考的"素材"和对改进教育的认识，也使我明白，一节一节听课是困难的事，而教师的工作更繁杂、艰难。我因此有了更强烈的教育之心：坚持教育的立场，和教师在一起，和孩子在一起，这才是真正的生命化教育，才是真正的民间情怀。

71.有时我也担心自己因为过多的负担与忧思，而变成逢人便抱怨的"祥林嫂"。我提醒着自己：当你不能改变这个世界时，就试着改变自己；当你不能改变自己时，你就试着改变你的生活。任何的改变都是重要的。细小的快乐累积着更多的对幸福生活的期待。

72.总是会有更多的理由、更强烈的人生信念使我们渴望成为"美好生活"的"进入者"，所谓的"美好生活"就是"在任何时候和在任何社会文化中他都将建设性生活"，"在某些文化情境中，他很可能有些方面非常不愉快，但他将继续向他自己转变，采取一些行动使他的最深邃的需要能得到最大限度的满足"

（罗杰斯语）。我们几乎还可以肯定地说，只有"建设性生活"的人，他的生活才能是美好的——他成为自我塑造者，自我革新的力量，他获得了真正的存在。

73. 即使"所有伟大的人物都烦透了"，所有的规章制度都已僵死，我们也不可能随之厌烦与僵死。也许，我们总是要有这样的冲动：渴望着未知的生活，变成一个"不知名"的正在生长的人，踏上一条不知所归的道路，就是成为一个词、一片灰烬也仍在强烈地呼吸……

仇恨还是宽恕 ①

1.不是仇恨，而是宽恕。如果是仇恨的话，我们就把自己降低到多年来压迫我们的那些人的水准。

2.读到一些文字，我会奇怪地想："要是斯大林同志看到这些，一定会直接把这个人抓起来枪毙了。"

同样奇怪的是，我总是会不由自主地首先想到对我来说其实极为陌生的斯大林同志。我很喜欢这样想，斯大林同志让我感到一种特殊的力量，一种我根本就不明白的魔力。有时，我也乐于收集据说是关于斯大林同志轶事的文字。

他已经死了很久了。我没去计算到底死了多久，更没有去探究（也无从探究）他是怎么死的。总之，他肯定是死了。我凭什么认为他一看到某些文字就会生气呢？

很多年来，我常常就是这样想问题的。简直不由自主。而我是那样的热爱俄罗斯文学，经常我就是读着这些文字，试图去弄明白斯大林同志的。

3.北岛在他的《时间的玫瑰》一书的后记中说：这是一个废铜烂铁的时代。

4.有时，我想要接着写另一本《唇舌的授权》，可是，我已经变得消沉了许多。或许，我写作的目的要比那个时候明确，所以有些散漫的事今天是很难做成了。

5.智慧之书往往是含糊其词的。

---

① 本文曾收入《幻想之眼》（华东师范大学出版社 2006 年 12 月）。

6. 王尔德曾经写道：大多数有个性的人都被逼成了叛逆者，他们把一半力量都浪费在抵触摩擦中了。譬如，在与英国人的愚蠢、伪善和庸俗作战中，拜伦的个性大受损耗。这种战争并不总能增强实力，他们通常会使弱点更加恶化。拜伦从未给我们那些他本来可能给我们的东西。

王尔德还写道：完美个性的基调不是反叛，而是安详。

7. 有时我说，"我"或者"我们"，偶尔说到"你"。在大多数情况下，"我"指的其实都是"微小而具体"的"我自己"，"我们"也不过是复合的、仿佛略微有点漾开的自己。所有的文字，首先就是自我倾诉，犹如一个胆小的人独自走在漆黑的夜路上弄出的自我安慰的声响。

8. 然而，我也总是要为具体的倾听的耳朵，诉说着这些话语。当我写作时，我非常清楚他们都是谁。

9. 里尔克为自己撰写的墓志铭：

> 玫瑰，
>
> 纯粹的矛盾，
>
> 乐
>
> 为无人的睡梦，
>
> 在众多
>
> 眼睑下。

10. 更多的时候，我总是努力把办公桌变成自己的书桌。有时，这像是一种秘密工作。

不过，任何的打断也是允许的，我已惯于从打断处重新开始。这一点不是才能，而是适应，是比较恰当的自我调适。

很多人会对我说：没想到你在这么简陋的地方工作。其实，一张当我阅读与写作时还算安静的桌子已经够了。它质地坚硬，无论多大的写字本都放得下。

11. 有些文字，当我行走在路上时，会反复在我的头脑中鸣响。你非把它写下来不可。不过写下来的文字总比不上仍在你大脑中鸣响不已的那些神奇。

12. 我抄录王尔德前面的那段话时想到，这段文字，刘良华一定喜欢。总之，我一边抄录一边就想到了刘良华。刘良华可以在电话中和我聊教育，一聊就是一个多小时。我和他在教育方面，在人生一些微妙的感悟方面有很多共同的话题。我的另一个朋友肖川则非常不喜欢在电话里聊天，他经常强调这一点。我们通电话往往是有事说事，点到即止，谈话总是简短的。

另一个广东的朋友许锡良，给我发来短信说，他高票通过的职称最后还是被主管厅刷下来了。他肯定难过极了。后来他针对我的安慰又发来短信说，我们都得耐心地活着，争取能够活得更长一些，这样总会有机会，然后，他又奇怪地写道：这事要是刘良华知道了，又会说我这个弱者活该！

刘良华和许锡良是一对经常进行思想交锋的好朋友。人有时候真是有意思，职称被刷下来，已经够难受的了，但这还不算完，你的一位朋友早就提醒过你，你不听，还嘴硬，这下不是很快应验了吗？——有时，你不能不说其实这更是一件伤自尊的事情。

也许，人根本就不可能"唯我"地思考问题。

13. 因而，我说，我真正喜爱的一定是轻柔的空气，宁静的话语，毫无意识地滑过我耳际的遥远的歌谣——我从办公室走回家，我也怜悯那些不断让我生气的人。

14. 在阳光下的冬日午后，你的心很快就柔软下来。你多么愿意你的心情配称着这样的天气，有时候你还会有拿起电话和朋友聊上几句，赞美几句好天气的冲动。

美国作家玛丽·奥利弗有这样令人感佩的、奇怪的句子：

秋天，当我在木头堆里看到一只黑色的蟋蟀，我不去惊动它。当我看见从岩石上啃掠而过的青苔，我轻柔地抚摸她。

可爱的表姐妹。

她说的是秋天。冬天，在明媚的午后阳光中，有时人会感到忧伤，但不会感到孤独。冬天，你不必向生活道歉，你的忙碌，至少在正午十二点到下午两点之间是恰当的。

15. 不要忙着"做研究"，不要忙着把什么都往教育上扯。

是的，有时候，仅仅就是阅读，沉思，看望，路过；有时候，则是随便说上几句，没有什么样的愁苦值得你那么认真。"我在世界上行走，我爱上了这个世界。"这句话也是玛丽·奥利弗说的。

16. 我写的，是我不忍舍弃之书中的一个章节。最终，我总是要舍弃的，仿佛就是为了这个目的，我写下了一些文字。心中有些宽慰。这是一种非物质的自我喂养。

17. 我是一个停留者。

18. 有时，我这样想：我写的是一本"也许之书"。

19. 总是，忍不住：也许……它比脱口而出来得还要快。目光所到，我的心意也到了。

20. 我也想试着这样说：我已偃旗息鼓。至少很多时候我接近了这样的状态。很快。我努力着使自己成为一个和善的老头。今天的生活已处处为此做着铺垫。

21. 我安静地坐着。我的身体归于安静。我总是有时间，总是有办法让自己腾挪出一个适宜的洞穴。

22. 我的朋友肖川总是说，希望自己有更大的影响；我的朋友刘良华，虽然没这样说，但他一定也希望有更大的影响。他们都是不错的人，确实应该有更大的影响。

不知为什么，我写完这一句，心里就特别暖意地笑起来。

23. 还有的时候，我还会为"建构"、"解构"、"学说"、"体系"、"学派"，某某"叙事"，所有的努力，心里也同样暖意地笑起来。

24. 我会对编《生命教育》教材时认识的年轻朋友徐莉说，中午，我们上哪儿吃饭吧。其实，我是在电话里从福州对远在武汉的徐莉说的。当然，这样的感觉挺好。

世界总是现实的，也是象征的，我们很多思想、习惯、奇思怪想，私密的、不能与外人道的爱好，甚至怨恨都端赖于这样的世界。

25. 我害怕为写好的书、编好的书或友人的书写序、跋或者后记。但是这样的工作总是时时要做。

最近又连着做这样的事情。

26. 福建电视台《新闻启示录》的记者就农村留守孩子问题专访我。他说，在莆田一地，就有十万这样的孩子。十万啊，城市教育肯定有它的问题，这些无助的、生活在危险中的孩子，让我真的很难过。我说，我只能说出这件事情有多么严重，后果多么不可预测。但，我不知道怎么办。父母们都忙着最底线的生计，他们已经顾不得许多，在他们的身后是无数"十万"的留守儿童，他们中大多数人的生活都是令人担忧的。

27. 2005 年，我写的文字并不多，书也读得不多。还是像惯常一样，我大约听了一百节课，见过无数的中小学教师。我听课，也没有记录太多。

28. 有时候，一天只需要摘抄一个句子：我要全身心地像我活着的这样活着。

29. 有时候，我不知道朋友们都在忙碌什么。我想（不过我从没有告诉他们），有时候，我们就摘抄一个句子，然后多注视一会儿。

30. 我常想——我也是这样做的，有些文章你真的不能急着一口气读完，你要歇一会儿，有时还要找一个合适的地点，慢慢地，一句一句地，直到你好像忘记了，再从头开始又一句一句地读，反反复复，你几乎要嫉妒这些句子。你合上书时，甚至想对自己说，感谢上帝，我写下了这些文字。

31. 我又突然想到，有太多也喜欢阅读的教师太眷恋对所谓"教育作品"的阅读了。

32. 这句话肯定也是片面的独断之论。好在，我确实是知道一些真实的情况。当然，谁都无权干涉一个人的阅读。我想的是，当我阅读时，比如像今天阅读玛丽·奥利弗时，我在心里默数了几个可以和我分享的人。

33. 2005 年，我写得比较多的，仍是冠以"十字路口的教育札记"篇名的一些文字。浓缩的，不断往骨头中回收的复杂的语绪。说复杂也不算准确，不如说，我比较克制，也急于要找到适合的控制。

34. 我要坦诚地说，2005 年末还算不错，我的思考又变得比较放任了。不是"笔随心动"，而是"心随笔动"。

35. 我总是非饱和、敞开的。有时是停顿、回头张望的。

36. 音乐家巴伦博依姆说，有两种感受很难在一起：勇气和敬畏。敬畏的感觉通常会使人们产生恐惧和被动的心态；而勇气带给人们一种极端的自我满足感——拥有勇气你很难会有敬畏的感觉。我们通常会遇到矛盾的时刻，对我来说，这些矛盾正是帮助我们理解生活的重要元素。

37. 坐在飞机上时，我突然想到了一个词，一个和这个词有关的句子：其他人；我是其他人。

有一种很奇妙的洞开的感觉：我是其他人。我既在其中，又在其外。确切而言，我只能在其外，既是被排除的，又是自愿的。比已经被用滥的"生活在别处"要切近于我这会儿的心境、状态，以及我生命中始终隐身其间的自我确认。

38. 我坐在讲台上，总是不知该从何处开始。这个会议室的坡度非常大，不用抬头也能看到入口处刺眼的天光。而我看着台下的教师时总是受制于光亮的侵袭——一种颇不自在的状况，那么，就从这样的应对中开始吧。

39. 刚听了一节高中二年级的作文评改课。教师是从高考语文评卷时一份作文所费时间通常仅有 30 秒开始的——我们怎样在 30 秒时间里赢取评卷者更多的肯定，我们最需要做什么。我知道这个 30 秒，甚至连 30 秒都不到，且 30 秒的时间也不可能人人专心，但是你的命运却可能因此被决定了，无论作文的分值是 70 分还是 60 分，无论 12 年苦读所花费的是多大的心血！一方面是极其严苛的竞争，另一方面则是一贯的漫不经心，熟视无睹，"草菅人命"。

40. 然而，我们几乎只能如此：应试作文，只有一条谁也难以退出的窄路。

41. 一所中学的校长被"双规"了，马上，整个县关于教育的各种告状信，漫天飞舞。

42. 无时无刻，你总是要说，"这就是生活的一部分"，它一下子就展开了，你却无从知晓结束于何处。现在我特别喜爱的其实也是人们经常说到的一个词：体验。

43. 很多时候，我都是一个耐心的注视者。

那天在晋江时一位教研员问我，那么多的教育细节是从何处获得的。上面这句话也许能作出部分的回答。不过，我还要说一句，有时我也倦于注视与记录。

44. 在广州的讲课有点辛苦，许锡良、林海英早上九点半把我从宾馆接走，到晚上10点我一直在讲话：演讲、对话、交谈，始终处于"过度阐释"状态。

有位教师说，听我的讲座感动得胃痛，应该不是感动，傍晚六点多钟，饿的。

45. 讲课时，我想到了有次听钱理群老师演讲的心得：全情投入，忘乎所以。

美妙的、值得期待的课堂。

46. 在亲近的朋友之间，是不能用智慧的。黄克剑先生曾经意味深长地说道。

47. 为来自全国各地看上去是如此严肃的校长、教育局长讲"如何建设一所优质学校"，我先幽了一默：演讲大家李敖说他对演讲有三怕，一怕听众们打定主意不鼓掌；二怕没讲一会儿就不断有人出去小便；三，更怕的是那些出去小便的人再也不回来了。

气氛总算活跃了些。

48. 每天寻找一个理由。

每天，我们仍然活着，真是一个不错的理由。

49. 我的课堂是圆形的。是两颗水滴相遇后的圆形。是水波的荡漾。

50. 澳大利亚作家理·弗拉纳根说：我还从来没有看过一本不离题的书。

51. 美国作家福克纳让《我弥留之际》中的木匠卡什·本德仑说了一句很有意思的话：与其盖一座松松垮垮的法院，还不如搭一个结结实实的鸡舍呢！

52. 在一位好老师的眼中，每一张桌子都应该是活的。

53. 那些没有耐心的文字总是平滑、平面、松垮、粗陋的。在今天这个时代，"耐心"也是需要勇气的。

54. 有一天中午，我和高旻通电话时，"发明"了一个词：博客式的阿谀奉承。

55. 人心惶惶的世道，总是鸡飞狗跳。

56. 这个时代的乏味、平庸甚至也表现为所有的邪恶总是如此露骨、显而易见。

57. 不算是什么教育发现：我到过的很多小学都没有树木或只种些永远长不大的矮树，我费心地想了很久，突然明白了一个小小的秘密：空荡荡、没有"死角"的校园是最便于管理的，同时也省去了管理者很多的麻烦，随便站在哪个窗口都一目了然，一切尽在掌握。后来我再看到这样的校园时，渐渐地就不愿意去细想了。

58. 现在我想抄录什么文字呢？

自由教育是在文化之中或朝向文化的教育。它的成品是一个文化的人（a cultured human being）。"文化"（culture）首先意味着农作：对土壤及其作物的培育，对土壤的照料，以及按其本性对土壤品质的提升。"文化"衍生性地，且在今天主要地意味着对心灵的培育，按心灵的本性对其内在能力的照料和提升。就像土壤需要培育者那样，心灵需要老师。但老师的产生可没有农夫那么容易。老师自己也是，且必须是学生。但这种返回不能无限进行下去：最终必须要有一些不再作为学生的老师。这些不再是学生的老师是那些伟大的心灵，或者，为了避免在一件如此重要的事情上的含混表述，就是那些最伟大的心灵。这些人实乃凤毛麟角。我们在任何课堂都不可能遇到他们。我们也不可能在任何其他地方遇到。一个时代有一位这样的人活着就已经是一种幸运了。然而学生们为其实践目的，无论其熟练程度如何，都可以接近这些老师，接近这些最伟大的心灵，只要他们阅读那些伟大的书。因而自由教育由以适当的态度研读那些最伟大心灵留下的杰作构成——在这种研读中，较有经验的学生帮助那些经验较少者，包括那些初学者。

——列奥·施特劳斯

59. 徐君给我发来了一篇令人落泪的文章，让我知道我仍只不过是在教育外面走来走去。

眼泪为证

我会常用笑容掩饰自己的张皇和恐惧，但从不否认自己的懦弱。

第一次打完叉，流泪的是我。那天下午永远留在了我的记忆里——沉闷、压抑、焦虑、恐惧……我一直在大口喘气，握笔的手一直在抖，不用看，我的面色一定是酱紫的，只要一紧张我就会这样。面前是一张卷子，上面有全校教职员工的名字，这些名字有些我很熟悉，有些还很陌生，陌生到一个学年里我们除了在全校大会上匆匆晤面，私底下还从未搭茬儿或相互点头致意。我们必须在卷子上将全校教职员工依照他们的"工作表现"和"实绩"作个排序，从1到10，到11，到最后一名，不允许并列……再在自己认为不称职的人的名字后面打上叉，10个，一个都不能少。卷子上必须写下自己的名字，再交到校长的手里。"工作表现"和"实绩"校长通过工作总结已经念过了，按照"精神"去勾却并不容易。实在不记得把叉打在了谁的名下，我甚至都不确定自己是不是因为无法下手而给自己画了个叉。我逃避这个问题，因为我过不了自己这一关。

那天回家后，我大哭了一场，先生诧异地问："怎么，被淘汰了？"当得知我只是为了那10个叉而痛苦，他叹口气："这有什么，等你被末位淘汰了再回来哭吧。"我结结巴巴地说："可能因为勾不出人来，我给自己打了叉。我想我回家了你是养得起我的，而有的人回家了日子怎么过啊？"他当场气结，将我好好教导一番，骂我什么现在不记得了。反正最后他无奈地说："记得下次无论如何都不要给自己打叉，别以为你高尚，人家只会以为你神经病。"

那段时间我特别怕上班，站在学校门口要无数次给自己打气才咬牙走进校园。下班后我害怕接来自学校和同事的所有电话，在街上遇到和工作相关的人能躲就赶紧快步走过。那时我连找个人诉说的勇气和兴趣都没有，难过的时候，会一个人躲在教学楼顶楼放声大哭。只想离那些人、那些事远点，再远点。无法解脱，我总觉得校园里每个人都在窃窃私语，讨论着"我给谁打了叉"这个问题，害怕任何相熟者的询问，害怕回忆。对那个统计者我无比敬畏，她掌控着我们每个人的"秘密"，以至于一看到她，我的心脏就疼起来。

当学校发现这样给可能还不认识的同事打叉或者排名显得有失公允，在以后几年的考评操作上便略有些调整。但是基本的精神实质却是一致的：教师之间的相互"揭发"。经过几次考验，我虽然还会痛苦、自责、烦闷和忧虑，但只要给我些时日，找个朋友说说也就渐渐好了。眼泪却是一路的见证。

每次被排到最后的老师都会被请去校长室"喝茶"，而每个从校长室出来的老师的眼睛都是肿的，不管他是菩萨还是金刚。看到他们，我总是低头走开，因为我一句安慰的话都说不出来，只好选择躲避。当有人议论他们的下场是源自他们的不努力时，我很想说点什么，懦弱如我终于什么也没有说。

一个同事的孩子得了癌症，被医生宣布没有任何希望，倔强的她坚决不放弃治疗，带孩子奔走于国内各大医院，悉心给孩子看病。每次请假，校长都会提醒她，当心学期末的末位淘汰，因为出勤是一个重要考量指标。后来孩子失去了，她的"高级"职称也失去了。最后职称评定小组的结论是："我们同情她，但是如果把高级职称给她保留，那么对那些整天在这里工作的教师又该多么不公平。毕竟学校的高级职称是有比例的，这个比例对每个教师的残忍度是一致的。"

一个同事熬着日子把工作都安顿好后，在假期前几天请假去做手术，末位淘汰中她得到一个叉。虽然谈不上末位，但这个叉让她伤心了许久。长长的暑假之后，在开学初的某天，这个年届五旬的老师在我面前痛哭流涕，她说用一个暑假都没办法消化这个叉，就是因为她请了几天病假吗？人吃五谷谁不生病呢？谁不会有老的一天呢？她想不通。她强调："徐莉，我也是好强的人，我一辈子做事不落人后，不愿为人所指。我在你这个小丫头面前哭，是因为我当你是领导。下次，请记得帮我说句话吧。"我陪着她大哭，告诉她我的故事。

我因为身体原因，医生猜测可能比较难有个孩子，得知怀上源源，我非常感恩。可不到一个月就出现先兆流产的征兆，我很想保住孩子，便硬着头皮请假回家保胎。那时我正带一年级，家长意见特别大。情况稍微好点，我就主动中断休假去上班，希望不给学校添麻烦。上班才两天，情况又不大好，又折回家卧床。这么一折腾，家长意见更大了。病假连着暑假一起长休之后，再到学校上班正好是8月底，10月份的预产期，两个学期的工作算混过去了。休完产假上班第一天，我就应召到校长室谈话，被告知本年度的考核我可能会不合格了，因为我长长的假，因为我令这班孩子情况很糟糕。我呆坐在那里，真想找个地缝钻进去。我哭着说："对不起，我并不想给学校添麻烦，我多么希望自己健康地活蹦乱跳地度过自己一生唯一一次妊娠期，我并不想这样躺在床上忍受痛苦，而我现在还必须在自己身体的痛苦之外额外承受一份精神折磨，请大家一定体谅。"

我有多爱我的职业，我就有多恨它。听完这些故事，恳请您对这话不要曲解。

60. 有时候，我不免受了诗意的迷惑——现实总是更令人疼痛的，不知怎么的，我看到了，我想到了，可能什么也不说。

不是也成了沉默的大多数人，而是，时常有一种既已毁坏，再说又有何益之感。

61. 有时，不知道为什么特别痛恨"××不能乱，一乱就会××××"之类的言辞。更多的时候，只能对着自己大声痛哭，大声地，大声地。

62. 承蒙沈旎好意，她把我写的《教育孩子的十条戒律》贴到了成长博客上：
（1）不要当众教育孩子（尤其不能当着孩子同学的面）；
（2）不要在情绪不佳时教育孩子；
（3）不要以数罪并罚的方式教育孩子；
（4）不要在准备很不充分的情况下教育孩子；
（5）不要以别的孩子为榜样教育孩子；
（6）不要在吃饭时教育孩子；
（7）不要在孩子筋疲力尽时教育他们；
（8）不要在孩子做作业时教育他们；

（9）不要在孩子兴致很高时教育他们；

（10）不要在孩子睡觉时教育他们。

我们和孩子相处，最需要的也许就是尊重、肯定和耐心。我们会觉得技巧也很重要，但在技巧背后是爱和智慧，时不时地驻足于孩子的成长之路是应该的，也是值得的。无论何时，孩子都是我们一生中最重要的一个学生，怎样用心都不为过。

63. 古希腊人关于"庸俗"有一个绝妙的词，他们称之为 apeirokalia，形容缺乏对美好事物的经历。（施特劳斯语）

确实是一种绝妙的表达。

64. 我不时想到几个词：细读，慢读，"以特有的小心"研读。

在浮躁的空气中、在繁杂的事务之外，我的书包里总是会有一本书，在那里我获知的不是信息与任何的行动指南，而是无数的句子，一个个词，与众多鲜活的灵魂的晤对。

我所遵循的仍是"百无一用是书生"、"百无一用是读书"，就是不停地读书而已。

把不停地翻动书页变成一种对生命的迷恋。

65. 仍然是不断地退缩，自我转向，自我核查，耐心地确认自己。

66. 今天到闽侯白沙中心小学为生命化教育实验学校授牌。第一次举行比较"庄重"的仪式，因为学校希望能得到教育局的支持与资助。教育局长和教师进修学校的副校长都来了。

教师们坐得离我们挺远，认真地听着，没有一个人带笔记本。教育局长和进修学校副校长都特地批评了这一点。

我也是不忍的。

67. 有时候我发现在我絮絮叨叨的叙述中，隐含着这样的意味：我只是努力去看，记录自己看到的和希望记住的。破碎的文字是对整体和判断的放弃，它远离各种荣誉，只献给自己和少数的分享者，不再作出任何的保证，它富有诚意而单调。

一种单调的苦涩。

68. 我总是努力去讲课。讲课在临场状态之下，首先是力气活，常常我会讲得浑身是汗，有一种过度"宣泄"之感。不是想着要打动谁，而是害怕丧失尊严，现场的生命价值的丢失。我们要维护的荣誉已经不多。我小心而认真地表达着自己，无论何时，几百个人坐在那里，大部分人都注视着你，期待着你，揣度着你，没有什么比你充分、恰当的回应更为重要。

来不及回望。一直到这件工作结束。

69. 忙碌中也会产生幻觉，不是生命永恒的幻觉，而是更为奇怪的，生命好像流动得更为迟缓的幻觉。因为几乎没有空隙，没有停顿感，没有在停顿中拉开距离的对生命消逝的紧张和警觉。

70. 有时，是来不及思考的。

71. 在酒店中的写作和阅读是有点奇怪的。

纳博科夫流亡之后，一生都住在各种旅馆之中，这是一件多么叫人迷惑、不可思议的事情。

72. 和教育局长们坐在一起吃饭，不谈教育时，是另外一种感觉。我说的是更好、更自然一点的感觉。不过我马上想到这仅仅是我作为民间教育研究者的感受。

73. 有时候，问题总是"因为这样"，所以我们总是要那样。像做一道三年级时的习题，"因为……所以……"。

74. 萨义德说：我在心中反复编织的世界发生于琐屑的表面现实之下，在一个更深的意识层次之中，一个由美的、彼此有其内在关联的成分——观念，文字与音乐的段落，历史，个人回忆，日常观察——构成的层次。

75. 在我到达永和中学面向该校教师和数百名晋江的中学校长、教师讲演"生命化教育的理论与实践"的前两天，学校一位初三的学生（身高一米八多，学习成绩优异，人缘好，爱好体育）在打篮球时，突然晕倒，送到医院时已猝死。在听校长叙述时，我眼睛湿润了。你意想不到的具体的死亡，就这样进入了你的生命。

校长说，死亡的消息传到学校，那天晚上初三年段的晚自习，学生们悄然无声。第二天，他们又徒步走到这位已远去的同学家中吊唁和慰问，仍然是格外肃穆的队伍。

我就是在这样忧伤的色调中开始了自己的讲演，一位校长说它深入到了大家的心坎里。现场的对生命意味的演绎。

76. 一所经济繁荣地区的百年老校，总算修起了大门，把从校园中间穿过的车道封闭了。我走到校门口时就发现了这一令人欣喜的变化，校长说：这样就比较"生命化"了吧。

校长还告诉我，前阵子物价检查，学校被收走了20多万元钱。政府从来就没有一分钱的拨款，全靠社会和家长资助，现在这样的资助也是"非法收入"，实在不明白学校应该怎么办了。

这种情况还不算最不堪的，很多农村学校连学杂费都要上缴20%～40%。今后不收学杂费了，有关部门到哪儿收钱呢？这是个"难题"。如果不收学杂费，政府又没有拨款，那又是一个怎样的问题？

77. 谈论生命化教育，一直都处于矛盾和难堪的处境之中。教育问题是文化问题，是经济问题，归结到最后，一定是政治问题，出路何在呢？现在越来越像打不开的死结，越来越难以呼吸——到学校去，常常是苦闷之旅。只能这样了，挣扎与挣脱。

78. 有位朋友称许我对所做的工作表现得很坚定，所谓的"坚定"也可以看作是一种"积极的惰性"。

79. "愉悦即愉悦，如果你对它欲望炽热，你将会发现它充沛地存在着，充沛得足以让你感到满足——舔一舔勺子的背面，再舀一勺，又舀一勺，非常多，然而你却从未觉得足够。"（美国作家艾丽斯·麦克德莫特语）

80. 无数次坐到桌子前的临场感。每一次，涌现出来的对文字的妥协，不知道你要耐心地去思考什么问题，这些问题都一再出现过了，但是没有一次，你心里有点把握，总是面临慌张，看到内心的苍白和无能，心里想着要是能写下一个令人信服的句子，一切就可以做个了断了。可是一切却又从头开始。每天阅读，不知道有何领悟，像一只面容丑陋的动物，眷恋着自己的洞穴。

她告诉我她很忙碌，几乎没有空坐下来，她很羞涩地笑起来，"有一天，就是我自己也无法原谅这样的忙碌"。

在这个瞬间，一闪而过的是一种怜悯。

81. 孩子吃晚饭时，突然感慨了一句：我们所有的老师都已经忘记"表扬"这个词。

有一次她又说：今天只有语文老师没有批评我们什么。

但是我不能去记录这些，不记录，心里会好受点。

82. 总是处于各种矛盾中，内心并不能宁静。有时我们的行为比内心所欲念的更为高尚一些。言行不一似乎是自然的事，想得很多，有的也很糟糕，但顾及种种因素，我们已经很习惯地克制了自己。这不是坏事，却也给我们很多惊扰，像是一种好不容易实现的平衡。

努力地从纷扰中回归，还能平静地坐到桌前，沉入并不是太有规律的阅读，从书中发现自己的需要，稀薄的，没有留下多少痕迹的水的浸润或漫入。一次又一次，慢慢地也会有比较美好的沉淀，你都不必问它到底是什么。

今天，我发现了一种恰当的表达：重新变得质朴。

83. 下午，编辑部的几个人到了长乐市师范附属小学。在操场我又细细打量了那三棵香樟树，在清冽的空气中仍然有淡淡的美妙的香樟气息，"暗香浮动"，古老的树并不高大，也许比被我写入《春华秋实——教育的智慧与创新》一书序言中的那"三棵"要矮一些：

寄新希望给百年老校的未来

无论世事如何变迁，一所百年老校总有岁月掩藏不了的荣光，总有维系学校命运不坠的特殊的定力与信念，即使它不为更多忙碌地追随自己的脚步匆匆而去的人们所知晓，但它的内在之光却既是一所学校传统所在、命运所在，更是希望所在——我仍然清晰地记得第一次踏进长乐师范附属小学并不宽阔的校园那一瞬间，三棵巨大的香樟树带给我的震惊，我感到本来就矮小的自己越发矮小了，同时又分明感受到一股敬畏与喜悦之情跃然而出。千年古树不可比拟的生命强力，无论何时只要驻足仰望，我们都会获得一种极为神秘而美妙的从灵魂到身体的轻盈感、飞翔感。也许百年来无数学子"生命的初念"（冰心语）便是这样镌刻下了，于是一生便常常能与崇高、壮美结缘。一个校园巨树环抱，一杆旗帜高高飘扬，从来都是一种希望的写照。

"周虽旧邦，其命维新"，也许正是对历史的珍视和难以掩饰的骄傲，百年老校更有勇气去探索去寻取属于自己的新路。六年前长乐师范附属小学便开始了一项被命名为"指导—自主学习"的教改实验。这项实验以成全每个人的发展为价值基点，强调每一个生命个体的主动性和创造性，从生命发展的视角重新审视课堂的价值，审视学校文化发展的方向，从而真正为每个儿童的一生奠基。也就是从这个时候开始，我认识了有着浓厚长乐乡音、为人质朴热情的陈顺章校长。虽然从未询问过当初他判断与抉择的因由，但我清楚地看到一种新理念因为他的用心怎样在这所学校萌芽、生根。教育是一种慢的艺术，教育更是基于人的信仰的事业，自己认定要走的路总是难以走得很畅达便捷，坚持便更显得弥足珍贵，而教育也就在这种坚持和缓慢发展中渐渐有了一些真实可靠的果实。

六年来我已多次到过长乐师范附属小学，一批年轻教师生动的课堂景观让我记忆犹新。有时坐在这样的课堂里，我会感慨起自己的童年，正像德国诗人荷尔德林说的"要是我不进那样的学校就好了"，但人不能选择自己的命运与时代。一所学校和一位教师却要经常思考自己带给每一个儿童的是怎样的"命运与时代"，从这个意义上说百年老校也仍在路上，而每一位教师更是松懈不得，我们影响、塑造着孩子的童年，我们也在塑造着自己的面貌和我们渴望的更优质的生活！

路正长，我们可以留待更多的希望。

84. 再一次体会到"古老"的魅力。下午，天也是阴沉的，有点冷，树下孩子们游戏的声音、兴奋的面容，格外的美好。

85. 我多么希望校长们不和我谈论经费、检查、评比，不要谈到茫然、失望、疲惫……然而，几乎没有一次例外。生于忧患，死于愁苦。

86. 我写着，隐隐地又有一种期待——在我的文字中有些许能够让你分享的阅读的喜乐。

87. 但是，再也不能许诺什么，我已经衰老了。在晋江时，孙绍振先生告诉我，现在他已70岁了，一看到80多岁的某某去世了，马上就想到，哦，我只能活十多年了。他微笑着，有一种孩童般天真、幽默的表情。然后，他又说，现在我的表达、反应都还可以，只是记忆有点衰退，昨天晚上为了想《艺术哲学》的作者是谁，想了一个多小时，终于还是想了出来。有一个问题，他和钱理群先生的看法是很一致的，他们和我交谈时都分别说到：人也许最重要的还是天分。

我说的自己的衰老，恰恰是越来越看清楚那个多么有限的"天分"，以及与天分相关的窄小的边界。散漫的趣味，广泛的漫游，最后收归于微小的令人感到歉意的收获。

88. 卢雪松女士提出了一个重要的考问：你是否信仰着（或信仰过）暴力、虚伪的谎言、仇恨和野蛮？

几乎没有人能经得起这样的考问。我经常感到痛苦的是童年太可怕了，我们每一个人都是喝着狼奶长大的，不但无法摆脱，甚至仍然生活在狼一般的性情与环境之中。

89. 看到冉云飞的随笔《无趣是怎样炼成的》，一下子就笑起来了。他谈的是语文教材的无聊、无趣，我却想起了我所见到的无数无聊、无趣的课堂。有一次到三明听课，中年女教师的语文教学，40分钟下来我难过地对同样难过的校长说：悄悄对你说一句重话，这样的课真是谋财害命！校长说，可怕的是还不止有一节，她已经这样教了将近20年。但是，让我意想不到的是，到年终统计公开课积分时，这位女教师向学校反映，张老师听过她的课，至少要算省级的公开课。

还有一次到厦门听课，同样是一位中年女教师，据说还是从外省引进的人才，上的是初二的口语交际课，但是教师一人包办了整整30分钟。评完课出来时，女教师追上我：张老师，你统计的时间有误，我只讲了25分钟。

这样的案例太多了，说多了伤感情，不说也罢。

孙绍振先生有一次很郁闷地对我说：对有些教师而言，所谓的课改，其实是改与不改都一个样。

90. 一年中，你有过感动吗，甚至每个月，每一天，你是否时常都能享受到这样的美好感觉？

2005年给我触动最大的，竟然是凤凰卫视上看到的一封"父亲写给儿子的信"：

哪天你看到我日渐老去，身体也渐渐不行，请耐着性子试着了解我……

如果我吃得脏兮兮，如果我不会穿衣服……有耐性一点……你记得我曾花多久时间教你这些事吗？

如果，当我一再重复述说同样的事情……不要打断我，听我说。

你小时候，我必须一遍又一遍地读着同样的故事，直到你静静睡着……

当我不想洗澡，不要羞辱我，也不要责骂我……

你记得小时候我曾编出多少理由，只为了哄你洗澡……

当你看到我对新科技的无知，给我一点时间，不要挂着嘲弄的微笑看着我……

我曾教了你多少事情啊……如何好好地吃、好好地穿……如何面对你的生命……

如果交谈中我忽然失忆，不知所云，给我一点时间回想……如果我还是无能为力，请不要紧张……对我而言重要的不是对话，而是能跟你在一起，和你的倾听……

当我不想吃东西时，不要勉强我。我清楚知道该什么时候进食。

当我的腿不听使唤，扶我一把……如同我曾扶着你踏出你人生的第一步。

当哪天我告诉你不想再活下去了……请不要生气……总有一天你会了解……

试着了解我已是风烛残年，来日可数。

有一天你会发现，即使我有许多过错，我总是尽我所能要给你最好的。

当我靠近你时，不要觉得感伤、生气或无奈。你要紧挨着我，如同我当初帮着你展开人生一样地了解我，帮我……

扶我一把，用爱跟耐心帮我走完人生。我将用微笑和我始终不变、无边无际的爱来回报你。

我想着，应该让更多的青年人和中年人都读到。

91.有位署名"望闻"的学者说，一个处于公共生活中的人，一天时间中如果从不说"你好、请、谢谢、对不起"这些词，他就是一个极其可怕的人。

回到具体的生活中，回到日常的与他人共同生活的状态，认真地注视一下自己——眼神、话语、表情、身体的姿势，其实我们能够明白自己到底是谁。

92.最困难的总是对具体的一个人的关注，"具体的个人"，这是我们教育辞典中缺少的一个词汇。

所有严重的问题，恰恰都要关涉到具体的个人。如果没有一个个人的生命在场，教育大概是靠不住的。

93.1937年，傅雷为翻译的《约翰·克利斯朵夫》写下献辞："真正的光明绝不是永没有黑暗的时间，只是永不被黑暗所掩蔽罢了。真正的英雄绝不是永没有卑下的情操，只是永不被卑下的情操所屈服罢了。"

契诃夫说：对痛苦当以悲鸣和泪水回应；对卑鄙行为当以愤慨还报；对丑行当投之以厌恶。

我看重的还有契诃夫的一句话，要努力地"把自己身上的奴性一滴一滴地挤出去"。

满脸羞愧 ①

1. 在 Z 市给教育局长和中学校长的讲课是比较困难的，他们零散地坐着，会场有人抽烟，也有人接听电话，更多的人"认真"、"冷静"地看着我，做笔记的人并不多。他们让我有一种茫然感——因为你根本无从知晓你的话语到底引起了什么样的反应。我的话题是"重建学校的理念与策略"，我强调的仍然是微小的针对具体的人的改变是可能的，教育需要的是你的用心。如牟宗三所言，对人性有大感触者，大人也，小感触者，小人也，毫无感触者，禽兽也。教育难的是，面对所有的困难，理解无法改变的一切，深思熟虑自己的努力，把最大的力气花在正道上。微小的一步是值得肯定的，如果我们深信这一点，我们一定就能够找到学校的方向。

2. 我总是强调人性的自我改善一定是最重要的，应试教育固然可怕，但不要忘了，正是我们人性的欠缺，才使得教育变得更加不堪。教育批判的一个重要工作是针对我们自己，针对每一个人。

3. 我用力诉说，我也相信"正义与真理反复宣讲，绝非多余！"

不是我传达的是真理与正义，而是我们需要相互引领去共同寻找这个时代的价值与方向。

4. 女儿为了元旦文艺演出四分钟的节目已经和她的伙伴们准备了半个月，她们租借了服装，购买了假发，每一次说到演出总带着期待。

下午，突然接到她从会场打来的电话，说是校长不让演了，因为戴了假发

---

① 本文曾收入《幻想之眼》(华东师范大学出版社 2006 年 12 月)。

"不健康"。我明白要改变校长的决定是很困难的，就说服女儿放弃戴假发。过了一会儿，女儿又打电话说：我们已同意放弃，校长还是说，即使我们不戴假发，头发还是不符合规定，不让演。我和负责演出的校团委书记通了电话，她说她和其他老师都觉得这个节目不错，应该上，可是校长不同意，她们也没办法。校长还认为演出时间太长了，安排不了，会另外安排时间让她们再演出的。女儿说，什么叫另外安排演出？你听不出来，这话有多么敷衍。我只好对女儿说，那你们就放弃吧，不要太难过，爸爸能理解你。

我为孩子难过极了，想到不能这么简单就放弃，就给总校的校长打了电话，请求他体察孩子的心情，出面关照一下这件事。过了一会儿，女儿打电话来说，不知怎么回事，节目又让演了。我说，你们就用心一点吧，争取把它演好。

晚上回到家，原以为孩子应该比较兴奋的，没想到她只是轻描淡写地说，演了，还可以，我们把节目删短了，后面的互动环节也取消了，上台前老师还交代演挥刀时，一定不要把刀指着坐在前排看演出的校长。演出结束后，指导老师还说要是她因为这件事下岗了，我们一定要轮流养她。

5. 女儿说，她不明白校长为什么不让演，我细细想了很久，也不明白。
但我明白学校生活为什么这样让人心痛。

6. 我的一位同事说，学校这样的事情，我们作为旁观者，很清楚应该怎么做，为什么校长反而不清楚呢？

7. 那天在漳州讲座结束时，我把那封《父亲给儿子的信》朗诵了一遍，我只顾朗诵了，没有看到有没有人为这封信而动容。我相信有的。

有时，我只是想着分享，启迪，传递和表达。

我只是有点固执。

8. 与女儿元旦演出故事近似的是沈旎记录的《女儿的毕业照》。

女儿的毕业照

孩子读高中了，书架上的书多了起来，教参和她喜欢读的人文科学类的书杂陈。为了方便取阅，我和女儿决定清理书架。

无意中，她发现了夹在书里的初中毕业照，我说要不要扫描一下，更好保存些，她叹了口气："算了吧！"

我知道这毕业照是她心里永远的"痛"。

记得拍毕业照的那天，天已经比较热，女儿执意要穿整套的校服，白衬衫，白领结，合体的蓝外套，带褶的短裙，一样都不能少。我知道她是个细腻的孩子，她是那么郑重，她喜欢她的学校，珍重这三年的初中生活。

我满以为很快就能看到照片，却迟迟不见。有一天在整理孩子书桌时，偶然看到夹在书里的毕业照，拍得很不错，我熟悉的不熟悉的她的老师和同学或坐或站，都有一张张生动的脸，背景选得也很典型，为什么孩子不向我们展示？学校有什么大事小情她都会及时告诉我的。

那天晚饭时，我提起这事，并拿出照片，让女儿帮助我，把我知道的她的同学和老师名字和人一一对号。开始能感觉到孩子有些淡淡的不悦，说着说着她兴奋起来，对着照片讲起了班上的趣事。她爸爸听我们聊得热闹也凑过来，拿着照片端详。从事 IT 设计的他突然问怎么中间坐着的几个人大小、比例都不对。我拿过来看，中间的校长领导们的大小比例是有些异常，女儿的脸色变了，说："中间的位置照的时候是空着的，四个领导是后来贴上去的。""哈哈，技术真先进！"丈夫打趣地说。我心一沉，一下子明白了女儿为什么不主动展示照片和女儿的不悦。"也许他们太忙了吧。"我不希望女儿心里有阴影。但我知道，无法挽回地，毕业照已经成了女儿心里的"痛"。

太忙了，忙得连和学生一起拍毕业照的时间都没有了吗？这对学校领导来说可能是年年都有的事，可对每个学生来说一生只能有一次，这解释孩子能接受吗？你们想过要给孩子们解释吗？从这个小小的教育事件中，我看到了"以学生为本"、"尊重"这些词的苍白。作为教育工作者的一员，我尝试为学校找一个理由或借口，但很难。

我有一个学生，前些年随家人迁居美国，今年高中毕业，前些天打电话来述说毕业典礼时的兴奋，并通过电邮把毕业时的照片发了过来。照片有穿着红色毕业礼服的合影，有穿便装的，有一张在一个大礼堂里，照片下面的说明是"学区领导，校长亲授毕业帽"，还有一张定格了孩子们一齐将毕业帽抛向空中的情形，这会成为孩子们一生快乐的回忆。

毕业照对女儿的影响之大后来渐显。她所读学校的初中是武汉市一流的，高中也是全市学生所向往的。填报志愿时，我和她爸爸希望她继续读这所学校的高中部，这样可以免试口语，把握也大。女儿不同意，她填报了另一所学校，她没说理由，但我知道，毕业照事件一定是其中之一。

从一般意义上说，有不少学校领导，尤其是校长，对儿童的人格尊严与基本权利是极不尊重的。另一方面，更值得注意的是，他们为什么会如此地"缺乏感受性"，如此地不重视"记忆的价值"，如此地不在乎儿童对学校、对老师包括对校长本人的情感，这是应该引起更多人深思的问题。

反过来说，这样的人，他会珍视自己的人格尊严吗？他会有对这个世界细致、诗意的感受吗？他对教育会有真挚、值得信赖的情感吗？重新审视校园生活"日常伦理"的意义在于恢复对人性的敏感，恢复对教育中长期被忽视、被遮蔽的"细节"的警觉，要从"宏大叙事"回到对具体的、在场的、个体生命的关注。

波特莱尔曾说过，如果回想过甚，沉湎于过去，人们就会忘记现在。不过一个人如果没有现实的感受性，他也就不会有记忆，甚至他的生命也是无法展开的，他只能生活在一个人转瞬即逝的当下和任务中，他不会有历史——"唯有记忆才能辨认时间铭刻于我们的感觉"（雅克·德里达语）。

9. 其实，一个会场中听众零散地坐着，抽烟，打电话，茫然而被动的神情——他们不是困扰于一场讲座所带来的理当有的"冲击"，而是困扰于"怎么坐都不自在"，一件任务的时间长度以及这个过程中的基本礼仪——耐心，敏感，质疑，联想。改一下作家耶利内克的格言：习惯（她说的是语言）就像一条狗，它拽着皮带向前跑，你只好跟着跑。

10. 又不能不说到，某种统治模式，确实使人更易于丧失人的某种健康：趣味，感受力，个人面貌，职业的耐心。

11. 我并不是一个称职的记录者。很多时候，我阅读，思考，放松，总是试图从教育中跑出来，然后又习惯性地回到教育之中。有时，我为自己的摇摆找不到理由。有时发出一些声音，自己听到了却也感到惊讶，不是幽怨，而是另一种缄默，"声音是文体、语气和价值观的融合"（詹姆斯·费伦语）。

12. 四野在温润的冬天涌动着热烈的欢迎之声，随便坐在哪里，你都有一种被天空裹住的感觉，你会忍不住长时间地注视近处和远处的空茫茫的暮色。堤坝旁的公路不时驶过笨重的运沙车，因为隔上五六百米远的距离，扬起的尘沙也成了可以观赏的风景。从早晨开始，老狗威威便睡在院子中间焦黄的草地上，它蜷成一团，毛色融入草色，更显得安静。圈养的一群鸡，清晨总是它们最早高声喊叫，声音中有一种富足和幸福，也许还真的是这样，早餐后它们便竞相跳上和它们一同圈在篱笆中的龙眼树。龙眼树一身青翠，在它的身上你几乎看不到冬天的痕迹。说冬天，其实也只是一个季节的概念。院子里外，不时飞过、停栖的小鸟，叫声古怪而热情，有时它们也会平静地看着院子的动静，很久才自顾离去。它们大概都是我们友好的邻居。从去年开始，池塘的草丛中便有一对夫妻放心地住下，据我弟弟观察，在今年秋天时，它们已成了四口之家，我也曾见过它们觅食的身影，只是池塘还是太小了，站在围墙边一眼就可以把枝枝丫丫都看得清楚。不过鸟儿也总是有它匠心独具之处，有一家子居然就在我们每日都端详几次的铁树丛中搭了个精巧的巢，到了2006年元旦的傍晚我才惊异地发现这一秘密，不过这时它们已不知又把家搬往何方。

母亲没学过园艺，她完全凭着自己的喜好，在父亲和弟弟的帮助下，在院子里随意种植，它们是七棵芒树，七棵龙眼，三棵棕榈，十棵铁树，三棵碧桃，四棵桂花，两丛三角梅，五棵月季，一棵橡皮树，一棵番石榴，一棵文旦，一棵杨桃，三棵针葵，数十棵玫瑰，尚有不及一一细数的众多花草。芥菜和香葱也在院子里长势喜人，豆荚则刚有半尺多长。院子之外，近处是我们和邻里的家庙，一年香火不断，却也不是过分喧哗。堤坝旁的竹丛我已在一篇题为《献给林少敏》的文字中有过描述，今天你也看不出有多少变化。

13. 玛丽·奥利弗说，大概还有很多人都这么说过，你出生在哪里，你愿意住在哪里，其实都是一生的事情。

14. 当你在田野上能看到树木、草色、沙滩，看到某种在静穆中的事物，你才可能展开对大自然的想象。

弗吉尼亚·伍尔芙说：我们渴望思想，渴望梦想，渴望想象，渴望诗歌。

伍尔芙又说：我们详尽审视了精神的一部分，却对另一部分未予探讨。我们逐渐忘记了生活中有很大和重要的一部分包含着我们的情感，我们对玫瑰和夜莺，对拂晓、日落、生死和命运的情感。我们忘记了我们花费了很多时间睡觉、梦想、思考、阅读、独处。我们并非完全陷入人际关系之中。我们的全部能量并非完全用于我们的生计。

15.静坐着，你听到遥远的声音，鹅群自恋的咏唱，"叽叽""叽叽"过路的鸟声，邻人打牌时愉快的叫嚷，小孩在某处一个院子中的自言自语，更远处池塘中鸭子的嬉戏，寒虫的鸣叫，拖拉机粗笨的汽笛，公鸡半醒半睡的"咕咕"。你看着肥艳的三角梅的花朵在微风中温顺地摇动，花朵并不多，更适于远看，走到近前，它鲜红的颜色还是一模一样。近旁，一小丛的菊花，黄澄澄，却有点土气，风吹不到它，安静极了。你注视着，有一种不断地被融解的微妙的心动，可能也不是心动，就是享受着午后开始的静默。室外气温是 10℃，披一件更暖和一点的衣服，你就可以一直坐着。

16.两丛的竹子都有几枝特别细长，高出竹丛很多，弯成生动的弧形，细看时才发现它们在空中轻轻摆动，构成了没有任何寓意却令人喜悦的图景。

17.整整一天，我们见到的鸟儿都是童年时的相识。

18.我看着母亲刚从树上摘下的三只杨桃。上次在广州时，许锡良君来看望我，也特地带了他强调是自己亲手摘下的杨桃。我在小学的课堂曾听过《画杨桃》一课，记得共有三次吧，不过没有一次，任课老师提到她见过、吃过甚至摘过"具体"的杨桃，我记得也没有教师询问过孩子对杨桃的认识。现在杨桃就摆在我眼前，杨桃树虽然不起眼，叶子细小，果实与之颜色相近，你若仔细端详，却往往会有惊讶之感。

五角形的杨桃越数越多，母亲说，前阵子摘下来太多，吃不及都烂掉了。

鸟们便是循着美味而来的。

大自然中每一片叶子都是爱的叶子。

19.我没有推扩出去思考，联想，空气中并没有颤动不安。快乐就是快乐，微小的不需要联想的快乐。

我清楚我们总是受伤害太深，现在暂时忘掉这一切，也不去思考明天。当回到"职场"中时，生活仍是那样具体，总是被裹挟着，总是临场的。一种"被迫害后遗症"。

20.那天在 Z 市，电视台对我做了专访，一位漂亮而稚气的女主持人（你碰到的总是漂亮而稚气的女主持人），她问了我一个倒也是我经常会想到的问题：生命化教育课题实验在具体的运行过程中是否会遇到一些困难？其实，我太明白这不是某个课题实验才遇到的困难。无论什么时候到任何一所学校，总是"检查团"在学校，"检查团"刚刚离开，"检查团"马上就要来了。有一次，在闽北某县实验小学，和校长正在一起评课，突然一个电话，后来校长对我说："一听，我就再也没有心情了"，"哪次物价部门的收费检查不从学校弄走一些钱？政府部门没有一分钱的拨款，学杂费还要部分上缴，学校能没有一些收费小问题？如果没有，学校怎么办下去啊！""前阵子，学校的幼儿园，危房，不知打了多少次报告，终于在一个夜里屋顶整体塌落，这事要是在白天，我真是不敢去想啊！"

同样，基于学校、在学校中进行的生命化教育实验，也许常常就像"孤魂野鬼"一样飘忽不定。人性的光芒常常就是那么如荧荧之火，飘忽不定。我们不是离开"大前提"去思考问题，而是在"大前提"之下，顽强地、耐心地、微小地在土地上植入一点点变化的可能，我们总是坚持着对人性肯定的努力，我们是笨拙的行动者。

21. 我也无数次问自己，为什么还要坚持？也许我避开了问题的必然的答案。"不问收获，只管耕耘"，"事倍而功半"，在气馁中，在挫折中，在妥协与调整中的微小坚持。在一个教育与文化衰落的时代，在令人透不过气来的时代的缝隙，生命化教育是一种渺小的力量，是我们自己相信的力量。

22. 我的画家朋友 H 已经在画室中用心地努力数十年了，应该说他的画正独步一时。现在时常困扰他的并不是技法的拓进、境界的开阔，而是，你是否能够更有名，学历、职称、身份等等。这两三年来每次见面，总脱不了这样的话题。他就像一个受迫害者，某种意义上他也确实无法融入自己所在的学校，不是说他不能继续坚持耕耘者的生活，而是"无名"使人格外痛苦，"无名"使画室中躁动着更多无处消遣的郁闷。

玛格丽特·杜拉斯曾说：一次完美的爱情远胜于 45 次的上床，显赫的名声大概也是最好的宣泄——这一切是无法用另一种方式补偿的，生活中所有的事物都在失落，但一定有一种事物的失落是我们最为惧怕的。

23. 原先，我就想着重新拿起笔，试着继续涂写，渐渐地我有了一种奇怪的感觉：这样的工作将会继续下去。费尔南多·佩索阿说，"写作会治病"，我不知道，有时我倒是很喜欢文字中的虚幻感——白纸黑字间"具体"的虚幻感。不借助文字，你的虚幻感是很渺茫的，而文字，往往使你的这种感觉变得格外叫人心痛。你也知道你的生活并不在文字之中，你不会在大街上大声哭泣，你每次夺门而去，总是还要从那扇门重新返回。你既知道自己是谁，有时又把自己想得很抽象，一个符号，一次偶然，总是希望自己并不是那个最为熟知的人，于是写作便帮你进入另一个空间……

24. 阳光暖和，四处看着，都感到亲近。这样的天气适于阅读，写作，聊天，发呆。

上午刚上班没多久，就接到孩子英语老师的电话：嫣予是不是元旦都在睡觉？我就怕他们贪玩、贪睡，特地布置了很多作业，没想到早上一测试就发现问题了。

元旦，孩子确实都在睡觉。有时我们不得不面对这样的局面：健康与考试成绩，身体需要与"更好"的学校，鱼与熊掌是不可兼得的。

法国伟大的诗人雅姆曾咏颂道：

> 喔上帝，让我过去摘一颗星：
> 如此可能平缓我病了的内心……
> 但您不愿我摘一颗星，
> 您不愿我这么做，您不愿
> 这辈子我有些许的幸福。
> 您瞧：我不愿埋怨，在
> 内心噤声，无怨无嘲，像一只
> 流血的鸟儿躲在两块石头间。

25. 只需要更坚硬的心肠，更见效果的措施，奋力拉住绳索……

26. 你无法无所谓。
你甚至也无法像禅宗所倡导的那样：饿了就吃，困了就睡。

27. 奋力书写：让我变得更为单纯，更为宁静。

奋力书写：让我回到具体事物的和谐互助之中。

28. 奋力书写：我厌倦极了——邪恶，麻木不仁，市侩，和空气中颤动的极权主义最后的气息。

29. 奋力书写：投入行动，就是忘乎所以，就是放逐自己，就是愿意生活在不完美中。

30. 人总是生活在个体现实遭遇有很大差异的各不相同的境遇之中，当我说到忧心忡忡的画家朋友 H 君时，其实我太清楚自己对他所有的情感了。如果我们没有足够的生命强度，就几乎只能受制于各种更细密更具体的绳索。我与他的差别仅仅在于我的绳索很多时候会略为宽松一些。

难道我们不是可以由此去看看教师们的生活，不是可以因此而时时眼中含满了泪水？有时，我也想说，让我们肯定自己的胆怯、卑微和战战兢兢吧，让我们即使备感屈辱也认真地活着吧。

我品尝到这所有的一切，我就是自己竖琴上一根不停被拂动的琴弦。

31. 不要急切地渴望着结束。必须培养出坚忍的耐心，以适应各种难堪、沉闷、周而复始，适应"事情才刚刚开了一个头"。每一次，我总是处于"清醒的前期"。

32. 有时，我们只是忘记了仰望天空。

33. 我们总是过于性急。有一次，我讲课时说到在美国有一个火葬场的广告语是："不要急，总是会等到你的。"

已经记不起来是在哪里读到的。哈，真好！

34. 总是坚信"思想比生存更为美好"。

35. 在晚餐的餐桌上，女儿说：我们最害怕学校开大会了，但我们更害怕的是——每次开大会，我们都会先数一下，桌子上摆了几个矿泉水瓶，有时候会摆上六七个，我们就需要尽快让自己想些比较好玩的事情，每个人都要讲一通，六七个人，不说到天黑才怪。

女儿又说到，今天上课的老师都高兴极了，因为班主任以班级的名义给他们买了盆景和贺卡，他们不约而同地说了一句话："今天这么感动，你们就不要小测验了。"虽然明天还要小测验，有一天的空隙也是好的。

36. 孙绍振先生经常对我说：我就是满堂灌灌出来的，我现在对学生也是满堂灌，关键是要看灌的是什么！

孙先生一直在大学里教书，偶尔给高中生开些讲座，这些都让他产生"合理的想象"：满堂灌是可以的，只要"有营养"，可以不计形式。

我不是批评孙先生对教育认识的迷误，而是想说，其实这类由个人经验所引起的迷误还是很多的，教育有时根本不是专业问题，而是经验，人人都可以说出一些"似非而是"、"似是而非"的东西，再辅以权力、权威，麻烦就更大了。

我想说的是，尤其在小学阶段，教育的形式也许比内容还重要。我这里不对内容和形式作细致的区别，我要强调的是教育最需要考虑的是要使学生始终葆有好奇心，始终充溢着活力，始终要对自己"现在"、"当下"的生活充满肯定和热情。我还可以说出很多在我看来比较重要的提醒，我明白一个没有活力的民族其实也是缺乏智慧和创造力的。我们几乎很少意识到这是一个大问题。

37. 我还想到另一个问题，我们是否对"静听"、"守纪"、"灌输"、"主导"等等过于迷恋呢？我们还要思考另一个问题，现在的教育投入、考试、管束、班级规模、校园设置等等，是否都更适于教育停留在前工业时代的状态呢？

丁文江对自己热衷于政治有过辩解，说是因为大前提没有解决，科学也根本不可能得到发展。

今天的教育是否也是这样呢？

38. 肖川先生说，他现在要做的就是对教育基本概念和思想的重新阐释。

钱理群先生认为，重要的是要回到常识。

问题在于，回到常识正是最困难的。

有时，还可以说，谁的心中不充满恐惧呢？

整个中国社会，最有意义的努力，不就是使社会进入常态：人性的、民主的、人人享有最基本权利的状态？

39. 一个不健康的社会，常常也是人人关心政治的社会。

40. 人人都处于对"变化"和"被抛弃"的恐惧之中。

41. 今天上午，突然接到要作为教育厅考察深圳市和海南省高中新课改"代表团"成员的通知，我的第一个反应就是拒绝，然后快速地寻找各种理由，最终的结果却是所有理由都失效，非得参加不可。

我从领导的办公室退出来，突然（又一次）想到，已经好多年，我没有参与"体制内"的活动了，我一直就是"个人"，或几乎就是"个人"，我已经不习惯"体制内"的行为了，不是抗拒，而是自觉地退避与放弃。

一直地只问询自己。那些只问询自己，羞涩的、静默的、耐心地注视和倾听的人，在我的心中，从来就不是陌生人。

42. 天变冷了，总是更早地回到家中。

天变冷了，总是更多地想到在学校的女儿。

43. 安静地坐在家中，或者是在乡下的院子里，我感到自己是幸运的。

44. 有时妹妹和家人批评我，"越来越像福州人了"。"福州人"确切的定义是什么，我不知道，但我知道他们说的是什么：消极，对人不热情，喜欢安静，有时还有对亲戚朋友的冷漠。我不知道，我到底像谁，但在心里，我时常在想，所有的批评都是对的，不过，要是一个人那么容易就能改变，也许就用不着批评了。

我的消极态度，也是一种"溃败感"，不断地后退，宁静。

45. 坐在教室，"我深深地倾听着：我还心怀享乐地倾听着"。有时，孩子们也乐于回过头注视我，一个陌生的听课者，一个不时走进教室的听课者。没有人会记住我，这不是一个问题。当我在教室里时，气氛大体上都是比较快乐的。

想想很好玩——我"带来"了快乐，我使教师们"想起"了快乐，教师因为我"记住"了快乐——我自顾自地想着，一种"积极的自恋"。

玛丽·奥利弗说：雨难道不是因着特别紧要的缘由才降临到我们中间？

每一个孩子难道不是因着同样特别紧要的缘由才降临到我们中间？

每一个孩子，都像一滴雨一样光滑、灵动、纯洁，具有勃勃生机；每一个孩子都在共同努力构成人类和大自然周而复始的永恒；每一个孩子都映衬出世界多么斑斓美妙的色彩，每一个孩子都带着秘密的使命。

46. "因为理解，所以慈悲"（张爱玲语），昨天晚上我一直想着这个句子。今天，我记录在册。昨天与它是初遇，今天是震荡。

47. 某学院马上要迎接国家本科教育检查，中文系主任在教师会上批评某种工作态度：我知道你们怎么改作业，晚上清醒的时候，都在看电视，到不清醒时才开始改作业，不出差错才怪！

48. 有时，我并不希望被人视为悲观主义者，我不愿意这么简单地被"标签化"——其实我是享受主义者，我注视，观察，倾听，品尝，回味，我总是能够做到经过一个地方，我就记住了它的形态特征；我见到一个人，也总是记住了这个人——我体验着这个世界，为了直抵心灵，为了造一个更为宽大的居所。

49. 当我写到这里时，一家报纸的教育记者的电话打断了我——请你谈谈城乡教育的差异——这么大的问题，我谈论什么呢？福州的媒体几乎一想到做些"真实的报道"，就首先想到了我——不是我说得特别精彩，而是仍愿意说，仍残存着某种勇气，也仍有一种耐心。总需要有人说话，"必要的唠叨与提醒"，我不是再也无所求，而是愿意固执地认定，即使一切都放弃，我也不放弃自己的信念与认真。

50. 不是想把话说得过于崇高——生命的无比灿烂的光辉与令人畏惧的深渊，我都深深地爱着。

生命总是离去，又在复归。

我们执意留存的一切，我们都无法把它握在手中。

51. 我已经很多次写到费尔南多·佩索阿了。我正在培养一种佩索阿式的耐心：长久地，以"仿日记"的片段体记录着生活和心绪的变化，阅读，以及对教育的考问和观察。

在支离破碎中的一种寻找。

写出卑贱和对"帝国"的敌意，因为这种敌意十分微小，所以不会太引人注目。生活中的安全感便是因为我们控制住了愤怒而得到的补偿。认识到这一点并不是坏事。

但是，我更要写出的是，我常常这样想啊，我仍然希望我的写作就是一种抗拒，一种强烈的敌意，一种自己赋予自己的狂放的颜色。不是噤声，而是用力叫嚷。

52. "当你看到某个人在眼前沉睡，极其相同的感觉也会油然而生。人们睡着了，便成为了孩子，也许这是因为沉睡者无法作恶，甚至无法感知自己的存在。靠着自然的魔法，最罪恶的、最根深蒂固的自大狂也可以在睡眠中露出圣洁之容。杀死一个孩子，与杀死一个熟睡的人，在我看来没有任何可以体察到的差别。"（费尔南多·佩索阿语）

53. 我曾经写道：睡得好的不一定是天使，但天使一定睡得很好。

54. 在《唇舌的授权》这本书中，我曾经谈到个人的"文化遗产"问题——到底谁教育了我，谁帮助我形成今天这样的"面貌"。瓦尔特·本雅明也曾说到，"我"从外祖母那儿"继承了两样东西：一样是喜欢送人礼物，另一样是喜欢旅行。假如第一样热情与圣诞节有关——不提童年简直无法想象圣诞节——第一样尚可怀疑的话，那么另一样是肯定无疑的，就是小时看的儿童历险记书籍没能引起我旅行的热情，我外祖母从远方给我寄的明信片（大量的）才真正引起我对旅行的爱。"（《柏林纪事》）

我父母所赋予我的一切大概比本雅明的外祖母所赋予他的更为复杂、一言难尽，甚至更值得一辈子不断地审视与回味——到了晚年我们常常会发现虽然受过的教育不同，经历不同，自己不仅从外貌还从精神气质方面，与父母都越来越相像——这几乎就是一种内在的命运。我思考着这一切，对再也没有什么比一个家族的血脉与精神更为"耐用"感到震惊。

也许我从父亲身上部分继承了一种颇为矛盾的气质：寡言与热情；从母亲身上也部分继承了同样的寡言和另一种气质：细心还有冷静。有时我会奇怪地看出自己和父母的近似，有时则觉得自己要比他们更为复杂。文化在缓慢起着变化，时代变迁、面临考验的差异，也使我认识到自己从某个侧面来说已成为另一个人，至少有时是这样的。

对遗传与继承的思考也是无法穷尽的。

55. 我是自己，我是他人。有时候你活着却无从感觉到，是具体的行为带着你，你不知道自己的生命在何处滞留着，毫无知觉了。这样的体验很奇怪，也让人不安。不知道为什么，我就是觉得自己最适合坐在一张书桌前，沉湎于无穷无尽梦想的滑落。灵魂的低语多过肉体的嘈杂。

56. 从余世存的《非常道》读到："文革"中，赵人伟借给顾准一本英语的《茵梦湖》。顾准看完，还给赵时说："我已经哭过了。"

时常，面对，时常，"我已经哭过了"。

57. 今天看到的三条新闻：教育部部长说，素质教育再困难也要继续推进，到底怎么困难怎么推进，我没有打开网页不得而知。另一条，新的义务教育法有三个新变化，一是学校安全问题，二是教育投入的政府责任，另一个变化我忘记了，看得不认真。第三条新闻则看得比较仔细，福建宁德一所乡村学校，新校舍建好后因为拖欠工程款，被建筑商锁住大门，学生先是在二楼走廊上课，后又被赶到一楼走廊。这些天天气非常冷，孩子们在寒风中哆嗦。

如果硬要把三条新闻贯穿起来，就是法律正在改进，农村的孩子仍然在痛苦中煎熬。

58. 每天都会逼到你眼前，每天你都承受着。

59. 正在初三学习的女儿的生活，每天对我也是一个提醒。东奔西走的生命化教育有时已经被打了一个死结。

60. 正在期末复习的女儿，实在撑不住，晚上十点半就睡觉了，但还有多张英语练习没完成，闹钟定在凌晨三点半，但闹钟居然没叫醒她，早上醒过来就坐在那里哭。她妈妈告诉她哭也解决不了问题，赶快做，能做多少算多少。奇怪的是，老师检查作业时，竟漏过了她。

傍晚，女儿回家说，哭一下心情好多了。

61. 多年以后，孩子仍会记得清晨自己的恐惧和哭泣。"就算是我体验过学校纪律的老一套——杖笞、换座位、放学留下——都是些低级办法，那些年他们对我的恐吓，给我的身心笼罩的阴影从未从我记忆中抹去。惩罚升级、一年往家带四份表现报告，其重要性里含着这种恐惧和阴影；更具体更惊人的细节里也含着这种恐惧和阴影。"（《柏林纪事》）

当年瓦尔特·本雅明的体验大概一直跟随着他，一种逆向成长，你不断返回与汲取，但"这也没减轻我对它们的恨"（本雅明语）。

62. 我喜欢肤浅，喜欢犹豫不决，喜欢反反复复——当我的生活是真实的时，我的情感就是虚假的；当我走投无路时，我就找到了人生的方向。每天我对着书桌发呆，思绪绵绵，我以为这就是末日，就是自作自受。我走出了房间，那些情绪只能部分跟随着，为了不让我过于绝望。其实只要面对，我总是能够为自己找到理由的。我常常说，写下来的文字不可能太绝望，就是伤心也已经过滤了，意义迅速蜕变成了没有意义。有些文字常常出乎我的意料，这种感觉很好，我再也不会为文字发愁。在那里我拥有权利，在那里我是"帝国"的敌人，在生活中却不是，生活中很多你不喜欢的责任，是你得以继续生活的理由。每天你都小心思量着，为片刻的失去时常惊慌失措。当你拥有时，你什么都没有，这种感觉并不奇怪，也不需要太长的时间，总之便于理解，正因为你理解着自己的生活，已经发生的，是个空白，还未发生的，你却抹不掉。

63. 有时我不假思索记录下来的是多么凌乱的情绪，生活在"帝国"的城墙之中，经常对自己感到陌生与失望，时常就是这样的思想控制了我，时常被各种各样的敌意所支配，时常失去了方向感。而我却总是说方向感如何如何的重要，我对很多人这样说，我总是在话音未落之际就已明白这一句话纯属多余。我重复着多余、不现实的话语，安慰着自己，也安慰着别人，大家都特别理解地点头深表同意，这个时候我们就好像一个因为虚幻而变得格外心气相投的小团体，甚至是一个共同体——每一次从学校回来，甚至刚从教室里离去，我思索着自己的每一句话，忧愁就占据了我，无助感使我失落。我并不指望工作有多么的重要，但是工作本身就是一种因为你理解而越来越难堪的生命在场，我愿意相信自己，可是根本就做不到。

64. 有时，我也为了一种精神援助，而特别寻找一个交谈者，但是我总不能直截了当地诉说自己，我要从很远的地方开始，有时便在这样的絮语中迷失了自己。我是一个叙述者，好像又不是，我克制地一点一点地缓慢延伸，很快就失去了坦陈事实的热情，我经历，感受，安静地在内心撕裂自己，在内心塑造着不断变化的自己。

65.真相就在那里，同时又不在。现在我说的不是这样的问题。我已停止了思考。

> 为什么我的缪斯总是在不高兴时才说话？
> 不是她不高兴才说话，那是我不快乐才倾听。
> 我快乐的时候我就生活就轻视写作，
> 对于缪斯来说这只会令她沮丧透顶。

——丝蒂薇·斯密斯

66.一边行走，一边阅读。现在我读的是美国天才少女奥帕尔·怀特利的作品《我们周围的仙境》，你难以置信一位少女对大自然诗意的观看和记录，你甚至根本不可能想象能够像她那样写作：

我想知道勇敢的霍雷修斯在哪里。他并没有被我的呼唤叫来。现在，他已经失踪两天了。我还在继续找他。我从3条路找了3个方向，最后停在低矮的平房前面。我不停地找啊找啊，走遍了每一条路，不停地喊着他的名字。过了河，进了森林，去了每一个我能想到的地方。我竖起耳朵，夏天的声音现在已经没有了。勇敢的霍雷修斯也不在这儿了。我喊啊喊啊，再重新回到原来的地方。然后去了那个看不见东西的女孩的家，继续找，穿过一片又一片田野，仍然没有看见我的勇敢的霍雷修斯。

系灰领带对老鼠很善良的男人也一直在不停地找，走了很远的路。可是这两天以来，他也没有见过勇敢的霍雷修斯。我想了很多他可能去的地方。每次我看见做零工的小伙子，他都在唱："有一只小狗，名字叫流浪汉，如果他死了，他就永——远——地——去——了。"最后结束的部分，他几乎是号啕着拖了很长时间。我没理会那个男孩说的话，只是继续找，不断祈祷。我一定要找到勇敢的霍雷修斯。我现在已从4条不同的路出去，再从4条不同的路回来。我一直走到长着柳树的会唱歌的小溪边。寂寞的感觉到处都是。我呼唤着，不停地呼唤着。仍然没有任何回答。

67.我曾经写到在旅馆里阅读和写作是件有点奇怪的事。现在，不，是这一天我不知为什么头痛得厉害。今天，考察高中的新课程，很多的同行者，我突然想到了一句英国作家，也许是劳伦斯曾用过的描绘："活泼而贫乏"。有时很难说清楚你到底看到了什么，也很难说清楚教育改革到底能有多大的空间。那位教研室主任显然已经给很多"考察团"做过同样的介绍，校长说：变化总是有的，喜悦也不少，也有弯路，最重要的是政策要先行，最困难的是高考，来自家长的压力很大，其中尤其是本身也是教师的家长。师资培训是个难点，你不可能指望十几二十年形成的观念、习惯在五天的培训中改变。我们总体上感觉改革太仓促了，只能边摸索边前进。也许学生的负担更重了，竞争更剧烈了。我们这里师资是全国最好的，60%以上来自全国各地，经济条件也比较好，但是很多教师的做法还是"新课程，老办法"，"滴水不漏"，"滔滔不绝"。我们在努力，很辛苦，我们最后还是要回归到应试能力，高考那是一点都不能松劲的，我们已经……，将要……

68. 有时，即使你"潜入"一所学校，得到的无非也是：其实这一切我们都知道了，就这样，如此等等。再一次地证实，虽然我们并不希望看到的就是这样。

69. 那所学校写在墙上的一条培养目标被我记录下来了：我们致力于培养个性鲜明，充满自信，敢于负责，具有思想力、领导力、创新力的杰出公民，他们无论身在何处，都能热诚服务社会，并在其中表现出对自然的尊重和对他人的关爱。

从这条培养目标的拟订，以及它比较复杂的表达方式，你多少能够看出学校的用心。同时，面对它，你又会生出很多疑问。

70. 突然想到，所谓的"考察"也算是一件非常有特色的事情：先是某地试点，后续者轮番前来取经，然后又有更多的后续者四处取经，于是有 X 级实验区，有 N 个样板校……在"复杂"的背后，有哪些问题值得思考呢？为什么每一次的"改革"遵循的都是同样的思路？它真的是改革的不二法门吗？

71. 现在我记录的是另一所名牌高中的奋斗目标：做大做强做精做美 ×× 中学，努力创办全国一流示范学校。

我在校园里转了一圈，枝繁叶茂的榕树无论长在哪里，都是俊美、富有灵性的。一所学校没有大树，几乎就没有真正的风景。

学校的建筑乏善可陈，甚至让你觉得有点遗憾，校园的主干道上挂满了应时的红布条，你当然不会从中看到什么寓意。教学楼的走廊洁净，墙上贴着一些诸如中学生守则等材料，还有宿舍检查的结果，被点名的几乎都是中午不在宿舍的学生，那么他们中午都干吗去了，我也没有对此作进一步的询问，就是看看而已。我走了整座教学楼的五个楼层，没有在墙上看到一件学生的作品。教室里他们都在复习，每个教室都塞得满满的，窗户紧闭，气味很重，每个学生的桌上都摆放了一叠教材和练习册，学生们显得很安静。

我看到有句标语是：以人为本，构建和谐校园。

这是一所已进入高中新课程三个学期的省属重点高中学校。

72. 我见到还有一所名校的表达是：做强大做精美。

以前在很多省会看到的是"做大做强省会城市"。

正在被广泛"热捧"的表达。

73. 没有阅读的一天是空缺的一天。

74. 坐在海边的椰子树下。空阔，纯净，美好的休息。时间很快就过去了。

75. 高中新课程有一个重要的信息，被无数位校长在介绍学校实验情况时，简单，甚至无奈地说出来了：学生的负担更重了，原来星期六没有补课的，现在也要补课了，所有的学校高一、高二、高三星期六都在补课。不论新课程怎样实验，最后都要通过高考的检验，课改不到位是观念问题、能力问题，高考出问题是社会问题也是政治问题。

有一个特别奇怪的表述：在困惑中进入，在困惑中前进，在前进中解决困惑。

一路上，最遗憾的是未能和任课的普通教师交谈，没有和高中的学生聊天。考察是安排在会议室和会客室进行的。

76. 然而，我的"幸运"也许在于，当我从"考察团"抽身而出时，那些具体的、扑面而来、纠缠不休、不得安宁的生活，也隐然退去了。

"人们还能同意的唯一的事情或许就是：取出在记忆中深藏的东西，然后再藏起来。"（埃·耶利内克语）

77. 我已谈过我参与其中的一次考察，我是一个不合适的列席者，开始的一两天我几乎有点不适应，领队的礼节性干笑也让我不习惯，每次发言之后的掌声倒还算自然。其实我并没有去揣度任何人，所有的沟通都比较顺畅，大家彼此都能找到易于理解的起点，于是我们"课余"谈论较多的是路线、伙食、"地陪"、变化中的市容、工作中的困难，我记住了一些新的术语、姓名和学校的形态。这后一点，我说的是每次经过时我总是会花更多的时间端详南国的花木、校园的陈设、标语，在走廊上可能看到的一切，甚至一些男女学生交谈的神态我也注意到了，我注意到校长们在作介绍时的某种风度与学识，总之，我意识到自己渐渐地融入到"工作"之中，正像一个隐约地感觉到某一天会有寻找遗忘之物的人需要重新打开记忆一样，我在另外一个写字本上记录下了更为琐碎的一切。

78. 总是进入琐碎、繁杂、不由自主的生活，没有经过审视，没有，时时忍不住地大声叫嚷，现在却是低声的吟哦：

《献给亡人的花环》之七

人间的绝唱昨天哑然，

树林的交谈者将我们遗弃。

他化为生长麦穗的庄稼，

也许变成了他讴歌过的细雨。

世上所有的花儿全都绽放了，

却迎来了他的死期。

可是一个简称大地的星球，

骤然变得无声无息。

——［俄］阿赫托娃，乌兰汗译

在我心中始终翻腾着可怕的危机，我根本就不可能度过。我根本无法相信我所看到的，我生活在其中的当下，属于我的被不断许诺的空气一般的未来。当我回到自己的书桌前，回到每日都强烈渴望的睡乡时，"骤然变得无声无息"却也是美好的。

79. 一念之间，我们就成为邪恶的同谋。

这"一念"是贪图享受、满足私欲、屈服于权势、懦弱、恐惧、盲目……

这"一念"顽强、富有活力地隐伏在我们的生命之中。

80. 我的胡言乱语远胜于对生活的发现，我一坐到桌前，就变得浮想联翩，桌子是我脱离繁忙、无趣的地方。我甚至不希望桌子过于洁净。我的写作只要开了一个头，桌子就会帮我全部实现，它有丰富的资源，耐性，宽阔的面容，引诱你继续下去的决心，总之，我知道我的桌子具有一种平凡的荣耀，反对暴力、压抑、主宰的信念。一个习惯坐在桌前的人，一定不夸张，能够面对自己，逃过忧虑，不知道生命会如何结束，因为他一直保持着自己的童心。

我可以确信这个事实，我很多温情的眼神都是投向桌子表面的。不需要证据，不需要肯定，我偏好的就是凌乱、琐碎、反复呈现的关于自己的记忆。

有时候桌子也会睡着了，不过即使这样，它仍会睁着一只眼睛，不是为了注视我，而是为了和我共度漫长的黑暗。因为我们的生命其实在任何时候，都在悄悄褪色，都在变得越来越贫乏和不坚定。

81. 有时候，我思考的是"怎么办？"

"除此之外，让我痛苦的还有墨水，还有笔，还有贫瘠的词汇，我像松鼠一样在里面转，还以为自己是在跑。"（让·科克托语）

82. 但是，我们迷恋的是灵动、梦幻一样的文字，我们知道从生活中再也找不到这些了。

83. 我常常想的就是，我一定要下定决心，过我自己的生活，说自己的话，做自己的事，下定决心做一个"非人"，一个被自己认定的无处可以停留的自己。

84. 讲课时，有很多人迟到，上午如此，下午亦然。我由衷地感到，要打动这些"偶然"的听众是一件多么困难的事情，我提醒自己千万不要泄气，否则，一切都无可挽回。我的课堂变成了一种呼唤或者引诱倾听的努力，我甚至想，讲什么都不重要，重要的是能维护某种在场，减少失败，建立最低限度的信任与耐心，其实这就是一种进入，一种渺小的"学习者"意识的苏醒。我的课堂便在这样的轨道上缓慢地滑行。

你不能不思考，他们为什么如此地冷漠、被动与拒绝接纳，甚至在一切还没开始前就已经如此。不能不思考，他们在自己课堂的状态，生活中的状态，生命中哪些缺失已经毫无修补的可能？我不能不问一句：在 2005 年你们到底读过哪些书，之前又曾读过哪些，什么时候曾经对教育与自己的生命有过真切的思考，什么时候曾有过阅读的快乐与倾听的期待？我们难道不是可以这样断言：没有阅读的人生是不值得赞许的？所有的贫乏，首先缘于我们长久地远离了书卷，缘于我们再也没有阅读的需要与冲动？如果还要接着询问的话，我想到，成年人的不阅读几乎都因为从童年开始阅读意识就从未被唤醒，从未真正尝到过书中的甜美与深长的意味，还有一种可能就是，从童年开始就未曾遇上一位真正开启了你精神之旅的导师。

当我们说到新课程或者教育的种种困难时，更要想到的是，一个不阅读的"集体"其实也是教育最大的问题所在，同时，我深知在应试教育不断加剧的情形下，改变这一切根本就是难上加难。

85. 我很少去直面讲课所遇到的各种问题，也很少感慨讲课所面对的听众的精神状态，有时候我宁愿不去考虑这些。我总是提醒自己要勇敢地接受，把成功的标准放低，不要过多的自我期许，要耐心、顽强。不是你去挑选听众，而是你所有的努力只为了这一次的相遇。

有时候，你会觉得特别的孤单。

但是，你总是经受了考验，又能够再一次重新开始。坚韧中带着太多的无趣。

86. 有时候，我是如此强烈地希望在记录本上抄录下正在阅读的一些诗作，我是如此急切地用抄写代替了我的思考。

春　天

我橘黄色的
傍晚安歇在
你的眼中。你是路上
一朵静悄悄的
小花。白杨树有时
掩盖了我向你发出的
声音：于是玻璃般的

时刻破碎。我朝着我淡蓝色的晕眩

划着十字。月亮

贴着我光滑的手心。

我们穿过所有

紫色的雾风

所有绿色的冰风和所有红色的

太阳风，我们最终变得

如同一个天体。

——［奥地利］弗·吕迈克，马文韬译

我还想在这冬天湿冷的夜晚，接着再抄录一首，不知为什么，我的心弦似乎被轻轻地拨动了一下。

我怎样爱你，为什么爱你

（为恩斯特·扬德尔七十岁生日而作）

如果你是这样我不能确定我是否

也是这样

危及你的也对我构成威胁

每天晚上我照的镜子

同时映照出你的和我的形象

你内心深处的秘密不是

为了让什么人去破解

它最深切最彻底地吸引着我

可能就是理由

说明我那始终不渝的爱情

——［奥地利］弗·吕迈克，马文韬译

我所感受到的不是平静，也不是躁动。有时候淡淡地看着，想着，自己的生活不是改变和急剧地向前。今天下午我穿过住房前面热闹的大街时，意识到的是生命的短暂。在你的精神生活中备受欺辱，但你却只能平静泰然地承受着，甚至也找不到仇恨和欺辱者，尽管你还是会忍不住想到这些问题上去。想着想着，心中却已经很容易复归平淡，没有谁在呼唤，是你自己，轻轻地拨动自己。

87. 我读着捷克著名作家博·赫拉巴尔的作品《过于喧嚣的孤独》，一种晕眩感，一种不断地照亮生活的幸福而谦卑的力量。阅读是为了不断使你回到对自己的审视之中。赫拉巴尔说他为了写这部作品而活着，为它而推迟了死亡。1997年2月3日，他即将病愈出院，却从医院五楼窗口跳了下去。

某个时候，你突然觉得自己对友情的需要超过了所有的一切，对独处的需要胜过所有的一切，对倾诉的需要比所有的一切都更强烈。而现在，是细致的阅读，是惊叹和呗吸，是对那些文字油然而生的满足感、羞愧感，你知道自己享用这些也许是不应该的，却用力汲取着，像着了魔一般被征服，俯首帖耳。我不知道为什么有些文字之中竟藏着我们可怕的等待，我们渴望着成为因为阅读而彻夜难眠的人。

"我得了颤抖症"，赫拉巴尔说，"因为我同黑格尔的观点是一致的：高贵的人不一定是贵族，罪犯不一定是凶手。"我也得了颤抖症，我的手总是等待着对一些珍贵的纸张的抚摸、辨认，我的手正在经历自己的幻灭。

我疯狂地向后退去，我朝着自己的起点狂奔。

人生一世

五点钟

突然醒来

受自责和心悸的

折磨

已经太晚了还没有

向我的老母亲

详细询问

我早年的凭证——

我那段幽暗

来历的

最后的证人

——［奥地利］弗·吕迈克，马文韬译

88. 从来没有开始清算，灾难仍在继续，我想说的是物质生活遮蔽了我们对世界的想象。我们已经屈服于恐惧，我们陷入了混乱和盲目，心肠也变得足够的冰冷，思想混沌。

89. 明亮的天空。我看到的世界和想象的世界不一样，和我思考的世界也不一样。

有时，我坐在院子中，认真数了三棵桃树上的叶子，满树都是如谷粒般大小的苞蕾，有一棵桃树上一片叶子都没有，有一棵桃树上有两片不仔细看还看不见的叶子，另一棵桃树上则有60片之多。一切都显示出勃勃生机。

那天在仙游枫亭旧镇，一下子看到那么多的龙眼，我从跃然的情绪中明白自己对乡土的感情。有些情感不易变化，我感受到某一个时刻，生命对熟知的事物奇妙、自然、由衷和充分的把握，好像那里就是另外一个世界。赫拉巴尔说每个事物都是上帝花园的一个中心，我整个身体用力舔着这个属于我的敏感的事物，总是这样。这一刻，给我一个小院子，一个正午时分，我跃出了自己，心游八仞，生命显得亮晶晶的。生命真正感知到了大自然情意绵绵的关怀，我安静地坐着，享受着，好像我所思考的一切都是世界大事。

90. 我坐在院子中，身边是矮小的树木，我一会儿看着赫拉巴尔的《严密监视的列车》，一会儿又陷入软绵绵的瞌睡，太阳使我浑身舒坦。我没有觉察到什么，我只希望懒散的生活不断得以延续。我能想象更为衰老的生活，不会被自己的老相吓一跳。满屋的书籍当然比任何新的被统治方式都重要，一张能够帮助你需要睡眠时迅速入睡的大床也让人格外依恋，我想说的是，从来没有这样的厌倦，痛惜又心平气和。

也许我更乐于做自己的旁观者，我总是强迫自己在失去和进入状态之间对影沉思。我已经活了很久了，但还不够久，我渐渐失去了对变化的期待和冲动。我说的未来就是现在，就是迷茫和避免对自己的思考。

91. 我真正感受到了短暂，在村庄里旧时的树木基本上都看不到了，几十年的变化至少在树木身上体现了出来。我儿时认识的老人也都不在了，有时，我会突然想起某个老人，母亲总是告诉我"过后"的消息。每次回家，这样的"后事"至少都会提到。时间淘洗着生命，带走了生命曾经烙下的很深的痕迹。我们都是短暂的存在，经受着各种考验。当我坐在院子里的龙眼树下时，其实也已看清楚自己的前路。

那次在仙游和生命化教育研究团队的朋友们交流时，我说道，无论世事多么艰难，只要愿意我们都可以阅读，都可以聚集在一起分享，都会因为这样的聚会而感受到生命的舒展和快意，我们可以把理解之声送达彼此的心灵，我们会因为相互亲切的注视而扇动低飞的翅膀，使生命背负着自己卑微的梦飞得更远。我们并没有改变什么，什么都难以改变。我只是希望每年总有安静的时光，在乡下小院子里，我坐着，阅读，随便选择自己的理由想很久，生命之中布满了空洞。

92. 两天时间，我没有写什么。这些天断断续续地阅读博·赫拉巴尔，读完了他的《过于喧嚣的孤独》、《严密监视的列车》，之后又在读《我曾侍候过英国国王》。每年的春节我总会选择某个主题或某个作家来阅读。

这两天我最大的收获是，我突然明白命运感是回过头看时省悟出来的。也许一个人三十岁之前很难有命运感，只有拉开一个生命长度，经历很多世事变迁，看清楚人生历经的前因后果，你才知道所谓的命运是怎么回事。比如我现在总算明白了在大学时代某个选择到底意味着什么，而当初你选择时，哪里能明白这么多？我谈的是，一种简单、直接影响着我们生活的体验。当我思考这些问题，我也变得很平静，好像我只能接受这样的安排——我顺着命运的方向，把心放得很低。

93. 有时是你心中突然闪出的意念：

必须无限热诚地去接纳世界的复杂性；

必须坚定地相信渐进的、探索的、未知的变革；

必须以最大的活力去改善自己；

必须清醒地认识到并不是最干净的薪柴才能燃起更为炽热的火焰；

必须时时地面对而不是回避；

必须时时地在矛盾之中重拾对生命的思考和信任。

94. 我知道我所不能改变的，我并不会为此沮丧，人生的很多快乐也许就在我们放弃之后才能获得。

95.某个时刻，你也会产生万物皆备于我的美妙感觉。生命总是介乎于已完成与未完成之间。

96.细致的体验，渐渐地你就会明白时间才是最可怕的。你根本无法凝视，你总是在丧失之中——我们如果能够倒转时光，无论在哪个重来的时刻，都是无比美妙的——时常我便是以这样的态度进入今天的生活，我想说，我既感到羞愧又充满了对生命的眷恋，抓住，浸入。

花

我请求富有。

您给我大地，海洋

浩瀚

的天宇。我望着它们

懂得要拥有这一切

就必须退后。我献出眼

和耳，长期居住

在无声的黑暗中

在您问候的

影子里。

灵魂

在我体内成长，芳香

馥郁。

人们来

到我这，从四面八方

来听我讲述。

那朵看不见的花。

我坐在它旁边，它的根

不在土里，花瓣没有

沧海的颜色。这花

自成一种，自有

天空覆盖，映衬

您来来去去的那道虹影。

—— ［英］R.S.托马斯，程佳译

97.

刹那间

她离我去了。什么声音

比风更寒冷

传出墓穴，在说：

"结束了？"摸不着，

看不见，她寂寂地

来到我身边，她会的。

我正在读书，

光颤动了一下，

就像一只鸟飞过

太阳的小径，我抬头

意识到

空无中有个现身。

没有一句话，没有一个音，

她走了，只留下一丝香气

时间的馨香，把自己

献祭在爱之火中。

—— ［英］R.S.托马斯，程佳译

生活在愧疚之中 ①

1. 每天张格嫣予六点多钟就起床了。当她怕影响我们休息，轻轻把我的房门掩上那一刻，其实我已经醒了。上初中之后，除了节假日她每天很少能睡上八个小时。一个儿童睡眠普遍不足的民族，是相当不幸的。

2. 每天当她把我的房门掩上那一刻，我几乎都要在心底诅咒一遍：这万恶的应试教育。

3. 每次到学校参加家长会，都让我厌烦至极，有时还自卑不已。校长、副校长、年段长、班主任、科任教师所说的，无非就是：考试、成绩、用功、资质、中考，等等。

4. 说真的，我极其害怕家长会，当我穿过那所著名中学的一座陈旧的大楼的楼梯下通道，走入后面另一座大楼的年段家长会会议室时，我的心情往往是很沉重的。我找到一个座位坐下，从不与谁交谈，回到孩子班上开班级家长会时，我总是坐在第一排，我记下了孩子班上每次考试的平均分，回到家里我也从不和孩子谈论具体的成绩情况。

5. 张格嫣予小学读了三所学校，她读初中一年级上学期时，我也试图再为她转学，后来发现难度太大，还有，其实也没有任何学校可以转，相似，太相似了。

6. 有时候我们还会自欺欺人地自我安慰，孩子的学校还不算最坏，学习的

---

① 本文曾收入《幻想之眼》(华东师范大学出版社 2006 年 12 月)。

时间也不算最长，作业可能也不是最多的。

卡夫卡说："真正的道路在一根绳索上，它不是绷紧在高处，而是贴近地面的。它与其说是供人行走的，毋宁说是用来绊人的。"

7. 有时，孩子一回到家就泪水哗哗："妈妈，这次我又没考好。"有时，孩子问她妈妈："为什么我这么努力了，还是考不好呢？"

8. 班主任对她说，你这次又考得非常差，你要再不努力，你肯定还不如你的父母。她从来不清楚孩子父母的具体情况，她说的是笼统而严厉的评价，你父母的状况好不到哪里去，你会更惨。

9. 我坚持着从来不为考试成绩而批评孩子。

10. 我坚持着绝不为面子、金钱、焦虑而站到应试教育那一边去。

11. 我坚持着绝不做应试教育的帮凶，绝不参与到伤害孩子健康、自信心、对未来的期待的行列中去。

12. 有时候我也会坚忍地想到，总之孩子肯定会长大的，我们卡在历史这样一个特殊的时刻，只能接受与承受。但是作为一个父亲，我理解自己的无奈，却怎么也不认同这样的历史的合法性。

13. 我们谈教育，如果不回到人，不回到生命的现场，我们怎么能够理解有时任何的坚持都是多么艰辛的事！

14. 有一次，女儿回家，一进屋就号啕大哭。那天我不在家，她妈妈被女儿从来没有的哭声惊呆了。女儿只说因为一份作业丢了，被年段长、班主任和科任老师叫到办公室，至于这中间到底发生了什么，却怎么也不肯说。

15. 到了初三之后，有时女儿对在班上发生的事情会这样说：不要再问了，我不想再一次受到伤害。

我知道她在长大。但我对这样的长大却怀着深深的愧疚。

16. 有一天，我迟去上班，接到了她班主任的电话。说实在的，我对所有来自她学校的电话，以及学校所在方位的电话（只知道方位，记不住具体的号码）

都感到很紧张。那天，班主任一开口，就是"你是张格嫣予的家长吗"，我真不知道这算什么称呼，也许我们的教师中很多人从来就没想过这样的称呼有多么荒唐，紧接着第二句便是"你的张格嫣予是不是有逆反心理"，我的天！一打听，原来是因为班上有20多位学生一起看了文艺演出，班主任在班上要求所有看演出的同学每人都要写一篇观后感，没想到话音刚落，张格嫣予便站起来说：我不想写！

17. 听了她老师的叙述，我竟感到有点欣慰，但是我不能这样说，不过我也绝不想因为任何的理由而附和她老师的见解。我也明白这时我无论怎么耐心、温和、婉转地表明自己的观点都是无济于事的。

18. 我总是会坚定地、责无旁贷地站在女儿的身后。我常常想，1990年代以后出生的孩子，也许就是半个世纪以来最优秀、最善良、最纯洁的一代，无论世事如何艰难，我必须为保护这些孩子而尽自己的一份气力。

19. 不过，话说回来，我还是知道自己不但不能保障孩子足够的睡眠，也无法保障孩子因为学业成绩不佳、表现不符合要求、有时会偷懒、过于调皮而不受到羞辱与伤害。

20. 我时常生活在巨大的迷惑之中。也许就因为你太清楚了，并没有多少路可走，你必须坚忍地目睹、承受着教育中的一切痛苦。

21. 有一次单独和孩子吃饭时，我对她说："你要尽量多吃点，吃好点，有时间就多睡点，这样你才能和应试教育作长期的斗争！"

22. 我还时常对孩子说，你也需要理解老师的难处，她承受着巨大的压力，她的童年也过得非常不好，教育的失败与难堪是所有的人都要承受的，更重要的是你要学会承受，能变得更坚强。

23. 我常想，我一定要尽最大的努力让孩子的童年有更多的美好的记忆，童年不仅塑造未来，童年也是我们不断返回的栖息地，几乎可以说童年的生命质量就是一个人一生的生命质量。

24. 我知道一个人要从童年的痛苦和局限中挣脱出来有多难。对很多人而言，童年的痛苦几乎就是一生的痛苦。

25. 张格嫣予的天分首先表现在她的写作能力上，小学六年级她出版了自己的第一本书《在夜空中飞翔的精灵》，在初二时，她获得了首届全球华文写作大奖赛最具潜质奖，是所有获奖者中年龄最小的一位，获奖小说《被诅咒的游戏》也已出版。

26. 然而，在应试教育体制之下，这些天赋对她而言，并没有带来多少的喜悦。她初中的三任班主任，对她都颇不以为然，一位班主任这样评述：整天写写写，到时可能连大学都考不上，还得靠父母养着！

27. 我曾经在一篇文章中谈到过，在应试教育体制之下，几乎所有的父母亲对自己孩子的教育都茫然无措，因为只有一条路可以走，因为"识时务者为俊杰"。

28. 也曾经有人问过我，你倡导生命化教育，现在孩子到初中了，如果因为"过于生命化"而考不上更好的高中你会怎么办？

29. 很多现实问题其实都是你逃不过去的，要保全孩子在考试能力之外的一点点天赋都需要你作出困难的抉择，而你对所有的抉择也很难说真正能够坚定、自信、从不犹豫。谁又能保障儿童的未来呢？

30. 不是我们不知道正道在哪里，而是走正道太难了！

31. 有位学者感慨从今天的孩子中已经很难找到一两个自负的人了，应试教育打击的不仅是学习困难的孩子、思维发展缓慢的孩子，也同样打击那些学业成绩优异的孩子，伤害是具有普遍性的，几乎谁都难以幸免。

32. 孩子不在家时，我和太太最常感叹的就是：可怜的孩子！我太太从小学业成绩优异，读书从未遇过困难，15岁考上华东师范大学，我一直到高二时才开始发奋苦读，16岁考上华东师范大学，孩子似乎到现在仍看不出继承我们读书、考试的才能，然而我也明白，我们俩加起来的天分，实在比不上孩子在写作方面早早表现出来的聪慧。我突然想起俄罗斯思想家舍斯托夫的感慨，莫扎特要是生于一个农民家庭一定会成为一种累赘。现在张格嫣予的麻烦则是，她仍然也需要挣扎着上一所更好的高中。

33. 从孩子上初中以后的第一次"家长会"，我就知道什么是应试教育，我唯一能够做的就是尽量减轻孩子的痛苦，我总是告诉她，不要害怕，你有的是时间，不管怎么样爸爸总是会有办法！

34. 我告诉孩子，要是能考上一所一类高中当然好，考不上也不要紧，我们可以想办法到一所好一点的学校寄读，也不必担心太多，你爸爸妈妈都是从乡下的中学读出来的，重要的是你对自己始终要有自信！

35. 现在我最感欣慰的是孩子的"痛感"相当的微弱，遇上再大的痛苦，她哭过之后马上阳光灿烂。

36. 我深信坚强、乐观、善良一定会成为她一生最大的财富，时间会证明这一点。

37. 我夸张地认为，互联网时代出生的孩子会成为中国自由第一代。我深信教育最大的变化是在学校和课堂之外发生的，令人欣喜的是，有更多的窗户已经打开，孩子们一开始就生活在这样的世界之中。

38. 我还欣喜地发现，张格嫣予在初中三年时间里，几乎就没有和我们说到任何一位同学的"不是"，她总是热情而夸张地说着一位又一位同学的神奇与不可思议：比如谁怎么考都考不倒，比如谁看上去其貌不扬却是钢琴过了十级，又比如谁怎么风趣与搞笑……无数同学因为她的叙述而在我脑海里留下了美妙的印象。

39. 我深信我的女儿几乎就没有对谁有过什么坏心眼。她时常会把同学往家里带，也不时会上同学家玩，我能够感受到她对待同学的热诚与坦然。在将她和我这一代人作对比时，我时常心怀愧疚。我从自己身上、同代人身上时时能够感受到无法剔除的"坏心眼"，有时正是这些"坏心眼"使我们生活在人性可怕的黑暗之中。

40. 我同样深深地感受到，是今天的教育"配"不上这一代孩子。我们剥夺了儿童的多样性、差异性，也不尊重他们智能的多元状态，我们教育的窄化目标背后是对教育责任的严重缺失，是惯性、利益和盲目在推着教育往前走。

41. 当我坐在这里回首孩子这三年的学习生活，真的感到疲倦和难过，教育带给她的欢乐确实太少，1950～1970年出生的教师普遍地缺乏教养和同情心。有时候教育的灾难更多的是以教师的粗暴、缺乏耐心，动辄恶语相加而表现出来的。在应试教育的框架下，所谓的"一切都是为了你好"的面目遮掩了太多无知、野蛮和卑陋，人性的欠缺很少能够得到克制和反省，考分至上几乎成了教育暴力和反人性的象征。

42. 女儿曾经告诉我，初一时趴在桌上怎么也睡不着，初二时多趴一会儿就会睡着了，而到了初三则是一趴下去，差不多马上就能睡着。对应试教育而言，加班加点是有效的，教师的粗暴、严厉往往也是"有助于"学生提高考试成绩的。不是人文精神过于脆弱，而是如果没有一个好的制度支持，没有更多的选择空间，人文精神的生长确是无比艰难。

43. 有次女儿考试没考好，过几天她对她妈妈说："你们都没有骂我，我心里感觉真好！"女儿的话让我既欣慰，又有几分的酸楚。

有时候，我甚至想到我们的教育中暗藏着一种对人类快乐的仇恨，痛苦、自卑、恐惧、逼迫于是乎就成了它的常态。

44. 我常想，一个人经历了苦难，承受了苦难，更重要的还要认识苦难，只有这样才可能超越苦难。但是，正是因为缺少反省和批判，我们其实仍在不断重复着历史的错误，我们并没有走出多远。

45. 在这样一个价值混乱、教育目标极其窄化的时代，爱孩子、坚定地站在孩子身后，竭尽全力让孩子的童年能过得更为幸福、美好，又是一件多么困难的事！

46. 对儿童残暴、缺乏慈爱的教育，绝对不是"理想主义"，让儿童失去天真、幻想和自信心的教育绝对不是"理想主义"。

我们呼唤好的教育，就是呼唤对每一个生命个体权利的尊重，我也因此明白，教育的不幸其实绝不仅仅是它自身的不幸。变革之路，从来就不是从教育内部开始的。

在低处飞翔
——生命化教育研究博客在线讨论的发言记录[①]

主题：今夜，让我们直面教师的处境与心灵

1.到农村学校去，经常很痛苦的是，农村学校的厕所太可怕了。这么多年了，厕所极少改变，有些农村学校的厕所还是敞开式的。有一次到一所学校，校长告诉我前一天一个孩子掉到粪坑里，要不是被路过的捡破烂的人救起，就要出大事了。但校长又叹息，学校实在没有钱盖个新厕所。上一次我们在厦门召开生命化教育研讨会，很多专家都提到，改善农村教育状况，也要从厕所抓起。

2.徐莉老师谈到了带学生外出的事，我想起1989年在福州八中当一年的班主任期间，每个月都带学生外出，最远的一次是全班骑自行车到郊区河滩游玩，学生们当然很开心。在回来的路上，有一个学生对我说，老师你的胆儿真大。当时还没什么感觉，这些年出的事情太多了，学校也管得越来越严，有时候想想还会有点后怕。当时组织学生外出游玩，主要是向魏书生学的，我想今天就是魏书生当班主任也不敢这样做了。听说他现在是教育局长，不知是不是经常也要下达春游秋游的安全禁令。

3.无论提倡学生第一，还是教师第一，其实应试教育不废除，教育民主不实现，谁都成不了第一，谁都是被压迫者，有时还要相互压迫，相互憎恨。

---

① 本文曾收入《幻想之眼》(华东师范大学出版社 2006 年 12 月)。

4.评比制度确实要废除,大家只看到评比对学校的发展有某些积极意义,但忽视了评比制度的反教育、反人性、反民主的特征,尤其是在目前这样的体制之下,现行的评比制度哪怕些微的正面价值也值得怀疑。新课程开始的时候,我曾夸张地说,给学校足够的钱,关起门来,改革三年,必见成效。现在我仍然觉得"应查"教育甚于洪水猛兽。其实查来查去,就是不检查一下各种各样的检查评比对学校、对教师所造成的危害。说得严重一点,在各种各样的检查、评比制度之下,学校是很难有真正的办学自主性的。

5.我曾经对学校的"应查"状况这么描述:无论我到什么学校去,都是一个检查团刚刚走,或者就是另一个检查团马上要来了,有的则是检查团就在学校,甚至还不止一个检查团。可怕啊可怕。

6.以前我女儿读的小学是福州的名校。这个学校老师的电话特别有意思,每个人都有自己的上线与下线,一接到通知你就必须要把这个通知传给你的下线,然后一个一个传递,这样检查团一来,教师就可以在最短的时间赶到学校,准备各种各样的应对材料,有时则是连夜大扫除。学校有个荣誉室,挂满了各级领导的关怀,反过来我们也可以从中读出教师的辛劳与泪水。有一次,我到某所名校,看着满墙的奖状,对校长说,这既是荣誉更可能是灾难,真正好的教育是不需要这些来证明的。我就未曾听说过陶行知的学校也有满墙的锦旗与牌匾,不过在现有的体制之下,陶行知是不可能有的,尽管也有人以教育家自诩。

7.长假之前谈苦闷的话题,目的是为了一吐为快,有时候说出来心里就会舒服一点,这样长假就不用再考虑这些问题了。

8.那天上徐莉的博客,徐莉说教师上课之外的工作,大部分都是见鬼,现在的情况则是见鬼的事太多了,以至于我们只能在痛苦中讨生活。

9.徐莉说的极是,教师一旦受到威胁,这种威胁就会转嫁给学生。在一所竞争激烈、人文环境险恶的学校,教师之间惺惺相惜、彼此关爱,几乎是不可能的。

10.让我惊讶的是,虽然有这么多的检查,快乐天使和花仙子(分别是两位教师的网名）都保持着美好的容颜和舒朗的心性，令人钦佩。我想起南非大主教图图说的，我们要做洗碗机，不要做吸尘器，洗碗机能把污秽洗干净，同时保持自己的清洁，吸尘器就不行了，它淤积了太多的污秽，可能最后也会毁了自己。

11. 和花仙子在同一个区，我们编辑部就不需要做"创卫"这样的工作。从这点也看得出来，学校真是"重点中的重点"，无论什么样的检查首先都要找上教育。

12. 我想起了有一年夏天到学校，看见老师们都在指导学生重新制作出勤花名册，我感到很惊讶，我说"创卫"跟这花名册有什么关系呢，也要重新做？有位老师笑我太缺乏想象力了，如果学生出勤率不高，就说明身体状况不好，那么，就可以证明学校的卫生工作存在严重不足，所以，"创卫"检查学生的出勤率是很有道理的。

要在放假期间加班造假，花仙子好可怜啊！更可怜的是，只不过说了一句话还担心被校长知道呢。

13. 回复修远：

同情修远，但帮不了修远，只能靠修远自己的决断。这个体制大体的情形就是给你一点点好处都要你加倍偿还。最后很可能的情形是，你一旦尝到甜头，慢慢就上瘾，最后，确实不可能再谈个性、独立性、尊严等等。

14. 回复修远：

其实，真的谁都帮不了你，尤其是当你面临人生真正的难题时，作任何的决断都不容易。我们每一天，不就是因为这样的决断而心事重重，辗转反侧吗？这不是我们的错，这是我们的命。

15. 回复飞翔的心：

可能你忽视了，很多的任务都是临时的、随机的、与教育无关的，有时候真的很难备齐，而且你想想看，要备齐这些材料，学校要添加多少人手？

更可笑的是，现在没有谁会想到这样的检查给学校、给教师所造成的危害，所有的检查都是合法的，都是理直气壮的，"一把手"不认真对付，有时还要小心会被就地免职，特别是"创卫"这样的超级面子工程。

16. 关于要不要惩罚学生的问题，我有个建议，也是我所认为的一个底线，就是当我们实在无法"对付"某些学生时，我们可以采取比较消极的方式，诸如：熟视无睹、视而不见之类。我想说的是，我们也不要太急着想帮助他了，有些超过我们能力范围的事情，千万不要去勉强，一勉强就会犯错，与其如此，不如任由这个孩子，怎么说呢，我们等待他长大吧。谁知道未来！前不久看了《世界文学》2006 年第 2 期上的《宫廷小偷》也让我加深了这个看法。

17. 回复文竹：

你的问题使我想到俄罗斯思想家舍斯托夫说的，上帝救不了你的牙疼。确实，师生关系不仅是理念问题，还是实践问题。记得 20 世纪 80 年代末，我到连城扶贫，有位物理老师告诉我，有一次上课一个学生公然在班上抽烟，他走过去把学生的烟给扔掉，学生竟然要求他把烟给捡起来，物理老师气得一下子就把学生摔到了教室之外，算是彻底地把这个高中生治得心服口服。当时，我就在想，要是碰上我怎么办，我根本就不是这个人高马大的学生的对手，所以小时候我特别想学一门武艺，最终还是没学成。后来，我明白，只能靠自己另一个本领了，就是被称为"智慧"的东西。但要命的是，智慧是别人没办法教你的，靠的是你自己去感悟、琢磨、尝试，所以教育真是一门古老的学问，什么时候都望不到头。当教师，有时候还真的只能靠自己去对付。

18. 其实，我们可能更需要抓住的就是开心的时候能尽情地开心，如果我们明白谁让我们不开心，我们就尽可能地躲着他，不要勉强自己，有时候勉强了自己，也不要因此痛恨自己。

19. 2006 年 3 月 24 日作文研讨会上，福建师大的孙绍振教授在点评作文时，一再表白自己是草根"大炮"。我后来对他说："你经常可以算是一门'大炮'，而且火力也很猛，但草根确实是很难算得上，哪里有功成名就的草根，时不时被人尊称大师的草根，博士生导师加上省政协委员的草根？你看，和你一起出差几次，每到一地，你便把你那些当市长县长的学生呼到跟前。草根注定在底层，注定被边缘化，可能还注定是一个反对者。"

孙老师开心而幽默地对我说："那我不算草根，总可以算草皮吧！"

20. 生命化教育最本质的理念就是要把对每一个人的尊重、信任、成全在具体的教育过程中体现出来，难的就是"体现"，我们说生命在场，不仅是我们自己的生命在场，而且时时刻刻我们心中都有具体的人。就今天的教育现实而言，如何在各种困难、困苦与困境之中重新找回我们自己，也许是最难的事情。

21. 所谓"虚灵的真实"就是在我们心中总是有远高于现实，同时又引领着我们的某些核心价值、理念和精神信仰。这样的"真实"是为任何的权力、体制、挫折所夺不走的。人成其为人就是因为人始终会为这一"度"而活着，我深信精神不灭，则生命不灭。

22. 回复子尧：

你确实首先要对自己好一点。我总是这样想，我们首先应该对自己好一点：充足的睡眠，良好的食物，闲暇，和朋友聊天，为自己发呆，每天都找一个理由让自己能轻松地微笑等等，还有要经常想到给我打一个电话。

23. 回复亭子：

前几天你的校长还给我发了短信：兄弟，我太苦了，我简直撑不住了（这阵子都在接受"双高"、"普九"这类的检查）。我给他回的短信是：我知道你的工作，我知道你的忧伤，我更知道你总是能够挺得住，艰难总是相同的，能否挺住就不一定了。

24. 我们有不少课题实验学校是乡村学校，我也曾在贫困山区教过一年的书，我知道那里真不容易，越是在艰难困苦之中，生命可能对人性的美好更充满了期待。

我们课题实验教师中最优秀的大多数都来自乡村，在他们身上有更多的赤子之心。

25. 邓桂琴老师说的话让人很难过，这就是现实，今天这样的现实还没被更多的人所关注，说真话仍然非常困难。在各种遮蔽的背后，教育真正的问题被忽视了，被转移了，被弱化了，甚至被喜剧化了，所以更需要我们发出自己的声音。

26. 回复呱呱：

你给我的短信总是充满着忧伤，总让我心惊肉跳的，看你的博客才知道你其实活得挺好的。由此我想到，每个人都需要有自己的生命强度，包括向别人倾诉，让别人也因此有更多的承担，自己倾诉完也就舒服多了。

27. 转引福建师大文学院潘新和教授的观点：基础教育所有的课程都应该围绕着培植学生的想象力展开。想象力是生命中的最核心的竞争力。

28. 回复修远：

郑华枫老师所在的学校是福建省贫困地区的一所乡村学校，他们从 1998 年开始和我们一起进行课题实验，这么多年一直坚持着，改变虽然微小，但是日积月累，改变确实已经真实地发生。虽然学校已经换了三任校长，但课题仍在坚持，林高明、林志娟等优秀教师都是从这里成长起来的，现在这里优秀教师已经开始形成一个团队，无论你什么时候到学校，他们和你谈的不是贫穷与困苦（尽管他们仍身处贫穷与困苦），而是阅读、感悟和生命的体验，令人感到温馨与美好，也令人产生敬佩之情。我常常想，和这些老师在一起，其实就是和信念与追求在一起，同时也因为他们，你会更明确自己的责任，他们提升了你的生命价值。

29. 有时候我还会这样想，即使什么都不能改变，我们能够听到一些让我们灵魂透出光亮的声音，生命也是有意义的。也正是这个原因，无论多么忙碌，我总是坚持阅读，阅读使我获得了另外一种生命存在的方式，阅读帮助我克服了肉体与精神的不安。所谓的阅读其实也就是直面经典，直面人生。

改变到底从哪里开始？到各地讲座或者听课，总是会听到老师们说，要是局长或者市长能够听到你的关于教育的声音，那就好了。真的是这样吗？这样外在的教育改变真的有可能？如果没有可能的话，生命化教育，它的空间在哪里？

30. 其实我们仍需要避免的就是"非此即彼"的思维方式。生命化教育的存在与发展与其说是在缝隙中寻找空间，在妥协中寻求发展，在艰难中寻思出路，不如说我们必须更有勇气肯定自己的存在，认同自己的思考，在挣扎中赢取自由，在不完善中获得生命的价值。生命化教育便是基于现实，基于传统，为发出自己的声音而作出的微弱同时是必要的努力。我们不敢说自己是"少而重要的存在",但我们肯定,即使有所妥协,但绝不把自己淹没于虚无。我们的抗争也许可以这样理解,它更多获得的是心灵的自由和精神的归依。

31. 生命化教育课题组朱永通老师到晋江和森道学校担任执行校长,我对他的要求是到校一个月之后必须记住学校小学部近 300 个学生的名字。我的要求近乎苛刻,没想到朱老师居然做到了,现在,他甚至还记住了大部分孩子家长的名字。就我所知,能记住这么多学生名字的校长少而又少,他需要的不是天分,而是责任与用心。想大问题做小事,并不是什么高深的理论,关键就看你心思在内还是在外。生命化教育也是一种天职的教育,也就是功过自承,把教育当作自己的生命!说启蒙也好,行动也好,最重要的还是改变其实是可能的,就看你是不是真正地期待改变,信赖改变,追求改变。

主题:这些年我们的教育生活有哪些变化?

1. 我觉得这几年自己最大的变化就是,认真地把教育当作一件事来做。再忙,一年都能够坚持听课 100 ~ 150 节,我发现这样的"田野"工作方式太重要了。更多的教育智慧和发现是来自课堂,来自和教师的互动。

2. 我们生命化教育实验学校很多都在乡村,我听的课更多的是在乡村学校,更多的是日常的课。有时候,听着听着,一激动,忍不住,也会试着上一节。我发现,上课真不容易,当教师不容易,我就更多地从对教育的批评、修正到对教育的肯定。我发现,一个人高高在上时,发出来的声音,大部分是不可靠的。

3. 我感到特别幸福的是,1998 年之后认识的教师的数量,已达千人以上,他们是我最重要的财富。今年春节时,收到的祝福短信就有三四百条。一个人付出一份努力,他会有各种各样的回报,天道一定会酬勤。不过我们有时也不要太着急,过程中的快乐,可能才是更为重要的。

4. 有人称我"张老师",我感到最幸福,我从来没有为自己的身份而自卑。我同时经常也是以这个"身份"来要求自己的,谦恭而又努力。

5. 我想，成长博客的意义就在于，虽然艰难，我们还是发出了自己的声音；虽然声音微弱，但是听到的人越来越多。我们相信草根的力量，它正在聚集，正在产生一种新的能量。我有理由相信，教育不可能是一个例外，变革一定会真正开始，我们耐心地等待着，用心地努力着，我们自己就可能也是一种变革的力量。总有一天，谁都会正视它。我常说，我们需要的是耐心地活着，活得更久一点，因为活着就是希望，活着就有可能挣脱。

6. 昨天，我在博客上贴了一篇为"生命化教育探索"丛书写的序。这批书的作者分别是：黄瑞夷、陈丽婷、洪延平、郑熔虹和吕云萍。他们都是普通的教师，经过自己几年的努力，都已成为能够出版专著的优秀教师。我们课题团队特别注重教师的阅读与写作。我深信，会有更多的课题成员能够出版自己的作品。其实，现在好几家出版社也都在关注我们的课题成果，我们坚持着民间立场和"田野作业"的方式，也正在产生自己的影响力。

7. 我觉得一个人，不仅需要别人的提醒，更需要自我的提醒。我就觉得自己这几年变得更为温和、诚恳。我常常总是愿意以教师的身份来改善自己。其实这样挺好的。我很愿意别人一眼就看出我是教师。说一句骄傲的话，在我们这个社会，教师还是最值得信任的人。

8. 今天，呱呱给我发了一条短信，说她已经走出自我纠缠的魔窟，不知不觉地接受了自己，说是读书救了她，还特别感谢我从不放弃的关心。其实，谁都有苦闷的时候，有一个彼此欣赏、相互关注的团队，确实很重要。有时，人生的方向是需要在别人的帮助下才能确立起来的，我们彼此都是生活在期待中的人。

9. 回复陈寿参老师：

当我说，我们可能一辈子都要生活在应试教育的阴影之下时，很多老师都觉得我过于悲观。其实，在我看来，很多的改革，还是过于乐观，变革是很困难的，变革也很难是孤立进行的。我们只能在局限中有所作为，有所挣脱，哪怕是应试教育，也应该多一些人文关怀，多一些温情的鼓励，多一些对困难学生的帮助。最需要的是，坚守自己人文立场的勇气，坚持从小处做起的执著。

10. 这一次生命化专题的讨论，我们组织了 15 位老师，经常到赛普学院看各位老师的作品。我们想的是，我们的力量虽然微小，但这种付出仍然是有意义的，其实也不是谁影响谁，当我们在付出时，我们自己受到的影响是最深的。我经常想，我们服务于教育，也就是服务于自己。我们让孩子感到快乐，让孩子发现自己的优势，让孩子获得自己的方向，其实，这一切也是在成全着我们自己。我们并不是蜡烛，只照亮别人，我们更是生命在场者，我们只能在这个领域中活出自己。

11. 我经常说自己是乐观的悲观主义者，因为生命有限，因为现实太沉重，从某种程度上说，生存的空间仍然非常逼仄。我想说的是，我们要在这个现实中，活出我们自己的意义。也许意义也很小，但我们一定要试图活得像个人，活得像自己，哪怕经常不像，也要努力争取多多少少像回自己。

12. 说说林志娟，上次她在福州上课，福建师大著名的学者孙绍振老师听了她的课，激动万分，说要是能够自主招生，就马上招她读硕士。林志娟之所以能打动以"大炮"闻名的孙绍振老师，是因为她的刻苦、执著和聪慧。我感到很幸福的是，在我们的团队中，这样的老师越来越多了。并不是教育的环境有什么变化，而是我们在变，我们在努力地成为我们自己。

13. 改变自己当然是最难的，但是有时候，可以试着做做。比如有个校长就跟我说，他办公室的水果经常都是看着烂掉的，因为从童年开始就没养成每天吃水果的习惯，也没这个条件，现在明白了，那就每天强迫自己吃一点吧，吃着吃着，习惯就养成了，水果还是不错的。很多不错的东西，我们不接受它，也可能就是因为我们没有这样的习惯。

14. 今天上午，和福建师大的一位朋友一起评课。我说，我们以前总说，吃得苦中苦，方为人上人，其实大谬不然。幸福的感觉是需要累积的。只有每天过得幸福，才可能培养起对幸福的期待和追求。所以，我们很多童年的体验会影响着我们的一生。几年来，我们倡导生命化教育的理念也是基于给孩子更多美好的记忆，以及对美好的向往，提高童年的质量其实就是提高整个民族的生命质量。不是说我们能够改变多少，只要改变一个人，其实也是有价值的。

15. 回复林翅老师：

那天的聚会很美好。我常想，多一个朋友就多一分生命的强度。

16. 回复林夏雨老师：

其实，我觉得，当我们从一些小事做起时，可能会容易一些。比如，每天带着微笑进课堂，更多地给以学生鼓励与肯定，更多地表达对生活的期待和信心，你就会发现课堂的一些变化。其实，作为一个教师还担负着这样的一种使命，就是当我们和孩子在一起的时候，我们要更多地担负起抵挡黑暗和痛苦的责任。我不是要把话说得这么崇高，我觉得，这也是每一个成年人，每一个为人师为人父为人母的人应该有的最基本的立场。

17. 十几年前，我的老师黄克剑先生经常叮咛我，要把教育当作一件事来做。那个时候，我痴迷于诗歌，对教育常常半心半意，所以，也感受不到教育的美妙、丰富与耐人寻味。其实，一件事情，你如果能够真正地痴迷其中，你的生活就会成为发现之旅和智慧之旅，同时，你也可能因此而获得更多的挣脱之道。我认为，能解救你的确实只能是你自己。其实，我从福建很多教师处境的改善情况看，他们最重要的是付出了比别人更多的辛劳，有时候回报会早一些，有时候会晚一些。总体而言，"一分耕耘一分收获"这话还是对的。特别是在这样的一个网络时代，每个人的机会都更多了。当然重要的是，机会到你跟前的时候，你要抓住，你要格外用心。当大道理变成具体可能性的时候，我们欣喜的是，我们也成了证明者。

18. 黄瑞夷这几年确实变化很大，比如，体重重了20斤，头发少了三分之一，自信心增加了35%，额头透出更多的光泽，对女性也敢当面赞美，以前以"城里的老鼠"自居，现在全省性的公开课成了家常便饭，两年多时间，发表了四五十篇文章，个人专著这个月就出版，"粉丝"无数。从他身上，我也更加相信了教育的力量，人性的力量，自我挣脱的可能。同时，我还欣慰地看到，像瑞夷君这样的革命同志在我们团队中还真不少。所以，想大问题做小事情，做着做着，就把小事情做成大事情了。

19. 现在说说花仙子，以前除了写职称论文（总共两篇）外，其他文章几乎不会，但是没想到，就这么短短的三个月时间，居然在博客上发表了30多篇文章。现在，对写作是信心满满，约稿信满天飞。人还是那个人，笔还是那根笔，却如马良附体，神笔开花，让人惊讶。

20. 回复直言先生：

谢谢提醒，不过人生常常不是那么直奔主题而去的，套用一句老话，今天晚上我们的讨论是形散而神不散。我们有这样开朗、乐于分享的心态，本身也是一个重要的变化。同时，很多的苦闷、烦恼说出来也许不可能解决问题，但是说出来，心情会好多了。我们团队聚会时，经常采取在一个主题下的天马行空，信口开河。当我们回味聚会时，其实，精神的成长已经在这个过程中产生。

21. 当然需要更多的人发出声音，发出自己的声音，教育领域还是声音太少，真正的声音太少，谎言太多。

其实我们所谓的现实，是需要"审问"的。

22. 今天在马巷中心小学进行生命化教育的研讨，我们看到了年轻教师在坚持四年之后的教育观念、课堂教学能力的进步，虽然有点缓慢，却是真实的，唯有真实才能带给我们信心，获得方向感。我从来不认为一节课上成功了就是实验课题的成功，一节课上失败了就是课题实验的失败。我更关心的是要尽可能更细致地去了解一个教师，去帮助一个教师。

23. 再困难的问题，钱理群老师都能说得让人心服口服，也许，一切都不能改变，但是这些道理还是有价值的，我们不就是为了更好地认识这个世界而苦苦地思考着吗？

24. 天色已晚，夸张地问一句，海南的朋友离太阳最近，是不是已经依稀看到日出的痕迹？我们真该休息了，明天还要早起。我还想说，太阳是旧的，生活是新的，我们是否下星期再聚会？再选一个大家感兴趣的话题，分享肯定是重要的，说什么都好！

主题：我们生命中的爱与怕

1. 这个话题可能是我们生命中最核心的主题，我们时时刻刻都会沉潜于对它的沉思、体验和咀嚼。然而，真正地直面人生这样的话题却是困难的事情，尤其是由衷地、直接地作出表白，更是何其难也！

2.我也想试试看，真不知道自己都会谈些什么。

我记得小时候家里贫穷，母亲干的是体力活，经常生病，甚至时常都是在病痛中坚持去上班的，一回到家里，就躺在床上痛苦地呻吟。我从两岁开始，就没跟母亲住在同一个屋，我的房间和她的房间隔了有几间房的距离，但我总是觉得能够听到母亲疼痛的呻吟声。我的童年最可怕的梦就是梦见母亲病逝了，几乎每年都要做好几次。在梦中，我真的恐惧极了，一旦醒过来，发现是梦，都感到无比的庆幸。后来，甚至在梦中都会提醒自己，这是一个梦。我想，真正对死亡的恐惧就是这个时候烙下的。这种恐惧也因而使我的心肠变得柔软起来，对世间的不幸会有更多的敏感与由衷的同情，同时，这样的梦似乎也让我的童年更早地步入了对生存和苦难的思考。所谓的早熟，往往都不是一件好事。

3.著名学者刘小枫曾写过《这一代人的怕与爱》，谈到了《钢铁是怎样炼成的》这部小说中保尔和冬尼娅的爱情，正像小说中的保尔一样，他们那代人对美丽、善良、纯情而高贵的冬尼娅是不敢爱的，因为在小说中冬尼娅是资产阶级的小姐，阶级的划分使他们不敢正视自己的爱，更不可能肯定自己的爱，表达自己的爱。内心的怯懦被阶级的爱憎所隐蔽。今天，也许，像大家所说的那样，情况已有所改善，然而，要表达我们的"怕"也仍然是困难的事情。我们总是知道真实的危险，知道自己的处境，知道可能的麻烦，这一切都使得我们很多的时候无法活得真实，活得舒展，更不要说快意情仇。我们也仍然是被遮蔽的人，有时我们因此也很觉得自己获得了所谓的分寸感，获得了自我保护的能力。

4.前天，刘良华老师的博客上讨论了我们生命中"最重要的他人"这个话题，对我而言我的叔叔就是这样的一个人。他自小就得了小儿麻痹症，智力始终没有得到过发展，我奶奶有时候对他生气时常常会说，你要不是傻早就死掉了。这话真的非常可怕。从童年开始，我就常常看到我叔叔因为自己的傻，所遭受的欺辱与痛苦。我读初中时，有一次远房的一个堂哥当众欺负我的叔叔。我发了疯似的冲上去跟他打斗，结果被他扇了一巴掌，几乎昏了过去。从那个时候开始，我就再也没有跟这个堂哥说过一句话，这种仇恨也很可怕。所以，有时候童年烙下来的这种仇恨或者痛苦一辈子都很难改善。你明明知道不该这样，但是，最后情感总是战胜了理智。童年真的成了一种自我教育的母本。

5. 再说说我的叔叔，他使得我从幼年开始就有一种格外的敏感，担心他受欺辱，担心他失踪，担心他发脾气。各种各样的担心，似乎也催着我早熟。刘良华老师写的这种教育自传，其实每一个人都值得一写。1996年之后，我开始思考，到底谁把我"教育"成这个样子。我的叔叔也给我上了人生持久的一课。

6. 中国的孩子绝大多数一辈子都无法从考试的恐惧中挣脱出来，我的好友林少敏教授前几年还对我说，时常梦见高考的数学题一题都不会做，其实高考已经过去20多年，他当时还是以高分考上北大的，所以，有时候为某一件事、某一个人，我们所付出的代价并不是当时就能计算出来的。所以，我毫不夸张地说童年的质量往往就是我们一生的质量。一个童年普遍幸福的民族，是真正幸福、富有创造力的民族。

7. 生活在农村，还有一种对大自然神秘的恐惧。我记得有一次跟我堂哥在村外的树林里玩，不知什么原因，乌鸦一直在我们玩的那棵树上呱呱叫着，我们俩都预感到出了什么事情，赶忙回家，一看，我堂哥一家和另外一家正打得死去活来。童年鬼故事、神秘的故事也常常把我们吓得不敢走夜路，仿佛一到了晚上，所有的鬼都在屋外聚会。这种怕也许也会造成一辈子对黑暗、对神秘事物的难以改善的恐惧感。也许还可以这样说，在我们这样的农耕民族里，真正的"唯物主义者"其实是非常少的，那些自称天不怕地不怕的"唯物主义者"往往什么都怕。这样的事例举目皆是。

8. 有时，我们这座楼的电梯很可怕，有些同事一定要等到别人跟他一起坐电梯时才敢进去，所以，人多恐惧就少。有时候正好相反，比如运动场散场的时候。

9. 最近，孩子要毕业考试，我突然对这个考试格外地害怕，刚才走在路上的时候我还在想，如果这次孩子能够顺利保送，我会不会对考试制度没有那么强烈的痛恨。于是，我明白，你从这个体制里面得到好处越多，你对它的思考就会越少，你对它的依赖就会越深。只有站在体制之外，甚至体制的对面，你才可能对它有更清醒的认识，当然，这不等于说你就能够大声地表达出自己的各种厌恶与反感。

10. 有一次在晋江讲课时，会场上一位年轻的教师突然问我一个问题，就是说说自己的初恋。我想，人人都会有初恋吧。我记得自己是在读初中二年级时，喜欢上（简直不能说喜欢，就是有点感觉吧）爸爸单位老会计的孙女，经常会跑到她的教室外面看一看，想想当时那种感觉，唯恐被人发现，更不幸的是，我从来没有跟她说过一句话，更不可能让她明白我有过这样的"恋情"，后来，她出落成什么样的人，我就更无从知道了。但现在还记得那年夏天的一些感觉，比如，把头发弄得特别可笑之类。

11. 回复龚朱红老师：

下午还和李少娟她们说起你，上一次你父亲生病时，你能够放下所有的一切，守在父亲身边几个月，你的孝心真让我感动。我想我就做不到这一点，很多人也都很难做到，"怕"如果能够转化为真挚的爱、细心的照料、义无反顾的支撑是多么美好。这件事让我对你有了更多的认识，心生更多的敬意。

12. 我一年在各地总要作很多的教育讲演，在别人眼里，俨然是教育的演讲家，其实，我对上台的恐惧从来没有消失过。每次讲课几乎都要从这种恐惧讲起，有时候想想也很奇怪，并不是经历多了，有经验了，更有把握了，恐惧感就能消失，它倒像烙在那个地方，只要一到这样的演讲时刻，自然而然地就会生发出来，怎么也没办法躲掉。

13. 我觉得我童年的教育问题太多了，常常想，当自己对童年有了更多反省之后，人生好像就变成了一条自我挣脱之路，一点一滴地剔除童年的阴影，一点一滴地挤出身上的卑微和奴性，想方设法地让生命有更多的阳光和舒朗。另一方面，也确实对自己孩子的教育有更多的"怕"，我总是认为，我们对孩子的爱是远远不够的，更多的时候几乎就没办法坚定地表达这样的爱。有时候，其实都处于各种摇晃之中，害怕的是爱可能给孩子带来的"消极"影响，也就是免不了要为现实的各种谋虑让步与妥协，真说不清楚，哪里才是正道。

14. 陈荣艺校长的话使我想起他告诉我的故事。有一阵子，经常有学生跑到他的办公室，一见到他就说，校长，我下一次不敢了。陈校长了解之后，才知道了到底是怎么回事。应该说，恐吓教育是有效的，这种有效就是往往会使孩子长久生活在恐惧之中，表面上看，他会不再犯他经常犯的错误，似乎老师的教育目的也达到了。但是，这严重损坏了校长在学生心目中的形象，更糟糕的是，这种恐惧往往在童年时一旦烙下了，就很难根除。我们现在太多的人畏"大人"、畏权威，都可能跟类似的经历有关。

15. 我有时候会觉得自己当父亲当得太早了，还没有从那种激烈与莽撞中退火，就当上了父亲，对孩子的成长真不是好事情。好父亲的最佳年龄应该在35岁以后，因为对生命中的爱与怕都会有一番更深刻的思索，生命状态也变得更为从容，父爱也应该会更多、更自然一些。

16. 我想最重要的还是，爱需要表达。有时候，看着孩子读书那么辛苦，却不知道怎么安慰她才好。常常觉得，说一些微妙而又恰当的话相当的难，表达对孩子的爱意也比较困难，看来对爱的表达更需要训练、温习，才能更从容、更会心。

17. 回复相忘于江湖和呱呱：

真希望你们早一点从谋生状态里面挣脱出来，这样至少你可以把用来考虑钱的问题的时间，花在更为美妙的地方。当你能够主要不是因为钱而工作时，你对工作的感觉也会大不相同。

18. 欢迎杨勇校长，你的清林小学可是最近博客上的关注热点，我们团队的很多老师都想投奔你而去了。我想一个好学校肯定是最少"怕"的地方。谢谢你的苦心经营，也祝福你能够取得更多的成绩。

19. 回复郑华枫：

有时候环境过于逼仄，还真不能安之若素，我们有时候的"怕"是对外面世界的"怕"。总以为家之外的地方充满危险，其实，可能不是这么回事。前阵子刚刚去了深圳、广州，看到从全国各地来的老师，觉得人还是需要自我挣脱的勇气，改善还是要靠自己。

20. 在鼓浪屿时早晨五点多，徐莉就独自起来看日出，日出没看到，却用一张捡来的树叶遮在眼睛上，在沙滩上睡着了。徐莉真是一个心地无比纯净的人，要不，谁能够在这样陌生的沙滩上想睡着就睡着呢。

21. 在海南赛埔上课时，我提出了一个观点，人生没有能够完成的事，人生只可能不断地去做着某一件事。人生确实是一个短暂的过程，因短暂而珍惜，因短暂而畏惧。所谓的意义，其实是一种自我确认。

22. 最近发现父母亲明显地老了，经常会想着要回家看看，但在太太面前，又不忍说，因为我的岳母去年春节去世了，我知道她心中的痛苦。记得我的老师黄克剑先生时常对我说，对父母的孝心一定要及时表达，要不然就没机会了。前年，他的父亲去世了，现在说起来他还满怀愧疚，因为父亲去世时，他不在场。其实，生命中很多我们知道的重要的事情都要及时去做，马上去做，我们都是为爱而活着，我们的生命也因为对爱的表达而变得更有意义。

23. 看了陈荣艺校长说的孩子偷书的故事，眼睛有点湿润，他做得真好，令人感动。孩子总是会犯各种各样的错误，我们怎么处理，其背后的理念则大不相同。一个好校长一定有无数的令人感念的教育故事，一所好学校一定也有每个教师和每个孩子的无数令人感念的教育故事，好学校其实是由美好的教育细节和教育记忆构成的。我们经常都要想一想，自己到底为这所学校的教育记忆添加了哪些美好的情节。我们的责任心就是要时刻不忘这样的分内之事。

24. 回复淘沙浪：

所谓的"生命化"，重要就在"化"字上，就是倡导把对生命的关注、尊重、善待、理解、呵护、成全等等理念在教育的过程中充分地体现出来，它始终是生命在场的，也就是眼中有具体的人。教育始终是为这些具体的个人服务，而不是落在口号上，落在功利上。所谓的"化"在这里就是化育、陶养、润泽、感染、示范，它强调的就是重在践行、重在过程，也只有这样，教育才真正地落到了实处。

25. 讨论到现在，可能大家仍然会觉得表达爱与怕确是一件困难的事情，我更希望当我们转念一想的时候，也同时能够理解教育的不容易，教育也可以理解为就是对爱的表达和对怕的克服这样的工作。生命不易，生命总是要始终沉潜于对自身的肯定和畏惧之中，这是一辈子的工作。我们总是要带着这样的欢欣感和沉重感走在路上，一直走到不知何时到来的尽头。

主题：面对教育困境，我们应该倡导什么样的职业理性？

1. 2006 年 5 月 26 日下午，我到福州鼓楼第二中心小学给五年级的孩子上了一节《小音乐家扬科》。60 多个人的班级因为参加活动只来了不到 60 人，但我感觉到一节课下来有些学生我始终一眼都没看到，不是我故意忽视这些学生，而是根本忙不过来，这些没有被老师关注到的学生，有的时候就会成为课堂上的消极分子，就开始私下与教学无关的交流，这个时候所谓的纪律问题就会出来了，这个时候我就自然而然地感受到了老师们在课堂中同样能感受到的紧张和焦虑，也许坏脾气就忍不住会冒出来。我只不过上了一节课，而很多老师是要在这样的环境里上一辈子的课。一位老师对我说，我们学校所有老师的嗓门都很大，不大怎么上课呢？我还有个很深的感触，在这样大班的环境里，所谓的课堂互动不但困难，甚至低效。理解教育的困难，确实需要深入到教育的现场中来，沉下心来在教室里听课、上课，倾听老师的声音、孩子的声音。

2. 前两天福州闽清县的一位中学教师，因为学生逃课，用竹条鞭打了十几个孩子的屁股。这位老师说在鞭打之前她仔细考虑了一个多小时，而且她知道只要这么一打，她调动省城的可能性一定泡汤，但为了对学生的"爱"、为了学生不再犯逃课的错误，她还是决定冒冒风险，于是就发生了相当轰动的"打屁股事件"，媒体连续报道，当地教育局已经介入调查。《海峡都市报》的记者也采访了我，我深深感觉到教师们需要用一种新的职业理性来应对教育中的种种问题，有时在爱的念头之下，我们的某些不够理性的行为可能会给我们带来不堪承受的痛苦，其实这种爱的念头很可能就是对职业理性的一种自我遮蔽，我们失去了判断力，这时就可能模糊了对后果的预见性、对职业底线的边界意识，于是我们的行为就可能导致对师生而言都是后果严重的教育灾难。

3. 沈老师说我爱挑起矛盾，不是这样的，我更希望的是我们能够多一点对现实理智的思考，多一点自我保护的意识，多一点爱自己的决心与行动。谈职业理性，其实谈的也就是我们在教育这一职场中最底线的自助、自护和对各种灾难的免疫力、躲避能力。但愿不让沈老师厌烦。

4. 回复郑华枫：

没想到你上来就"怒发冲冠"，欣赏你的血性，也欣赏你上一次讨论时写下的优美而深情的文字，不过这里我想说的是，有时候我们也要想到，我们的职业并不是万能的，或者说，其实职业的真正效力可能也很有限。很多时候，我们确实走在各种危机的边缘。

5. 黄瑞夷和我说过学生跟他冲突的事，我钦佩他的克制与理性，尤其当学生丧失理智的时候，最需要的恰恰就是教师的"低声下气"。这里的"低声下气"我是从李叔同那里借来的，他对犯错误的学生常常就是和颜悦色、低声下气的，后来学生回忆时都提到最惧怕的就是李先生的这种态度，让他们一辈子感怀。当然，这是学生长大以后的回忆，也许当时有人觉得李先生很屈辱，不过，这种屈辱真的是一种仰之弥高、望之弥深的境界，我不是说今天的老师都要这么做，我们毕竟是富有理性的人，有时退一步，倒恰恰能够显示出教育的力量与情怀。

6. 问文竹好，评职称的材料可要认真准备，现在的规矩是只相信材料不相信人。希望你能够一次过关，这不是水平的问题。说起来，在教育的职场中，各种"护身符"还是有一点用处的。

7. 上一次在厦门召开生命化教育研讨会时，一位老师说了一句很有意思的话，他说，在教育中我们免不了要干一些我们虽然不愿意却不得不干的坏事，那么，干坏事时我们就不要干得太认真了。

8. 一个朋友在新加坡当教师，他告诉我，当新加坡经济状况不太好时，就有大量的人从企业里出来当教师，一旦经济好转，这些人又回到企业中去了。他们首先想到的，不是崇高、良心、爱这些理念，而是教师首先是一个职业，把书教好也就谋得了一份生存的保障，不过，他们在当教师时仍然需要遵从教师的基本准则，关于这一点，大家可以到悠然南山的博客上看一看，她刚到那里学习，相信她的观察也能带给大家启迪。

9. 永通君在小镇上的私立学校当校长，辛苦之至，也让我很心疼，我觉得他做得很不容易，也做到了很多公立学校校长做不到的事情。当然，事情做得越多，也许痛苦就会积得越深。其实当他说麻木的时候，他仍然关心的是学校里的环境怎么布置，令人感佩。希望永通能对着我这个帖子笑一笑，你可能今天还没笑过吧。

10. 我觉得上弦月做得相当的不错，一个好教师就应该要有法律意识，但更重要的是面对教育的困境，要有更多的生存智慧和教育智慧。

11. 这一两年，我经常在中小学听课时也忍不住试着上上课，我至少有两个发现，一是上公开课真难，上公开课你免不了会关注在场的教师的反应，如果这一堂公开课又关系到荣誉、晋级之类，那真是难上加难，甚至可以说教师关注的核心一定是现场的听课者的评价；第二，即使除去上公开课的这些负担，就是上一堂普普通通的课，其实也非常难。我由衷地感到今天教育工作的不容易，同时我还想说，在愈演愈烈的应试教育指向之下，教学真的成了极具压力的工作。

12. 我也谈谈所谓的"没有教不好的学生，只有不会教的老师"。首先，我极其反对这样简单的、非此即彼的对教育的判断。说实在的，我们教育中类似的格言太多，误导太甚，比如，"没有惩罚就没有教育"也是一例，这种格言往往是用一种豪言壮语或非理性的方式对复杂的、丰富的，甚至一言难尽的教育下简单的判断。必须承认，有一些学生某些方面的，特别是智力方面的一些局限，确实是教师即使再有智慧也很难提高的。我们必须承认教育的局限性，其实承认这一点，也有助于我们从另外的视角来改变那些智力有局限学生发展的其他可能。

13. 我还想说，我们真的要避免无限夸大我们这个职业的崇高性和它的能力。我想说，我们首先应该尽本分，尽力，当然也需要对某些学生更多地关注，但更要明白，其实尽本分、尽力就已经很不错了。

14. 发现今天晚上来的朋友特别多，希望大家畅所欲言，就事论事，多一些博客式的赞美与肯定，有不同的意见可辨析，也可存疑。其实教育的很多问题并不是不辩不明白，而是辩了也不一定明白，大家完全可以君子和而不同，共同分享，共同提高。

15. 星期五在鼓楼第二中心小学给五年级上《小音乐家扬科》，我首先想到，一是一点都不想让孩子们在课堂里哭成一片，二是绝不能让孩子仅仅获得所谓的在资本主义社会中劳动人民悲惨命运的意识形态化结论。我的课当然是尝试性、探索性的，我还想通过我的课堂让旁听的各位老师也明白，其实每一个孩子都可能有自己的想法，每一个孩子的想法都有自己的价值。比如，有一些孩子认为扬科的死与他对音乐的过分痴迷有关，与他身体过于瘦弱有关，与他的家庭的卑微有关，与他出生的年代有关，当然最主要的还是跟地主的仆人的毫无人性有关。我认真倾听孩子的各种看法，没有简单地作出这些看法优与劣的评价。我认为最重要的是让孩子有勇气表达，能表达自己的观点，能分享与肯定别人的观点，能坚持自己的观点。这样的课堂在我看来，其实也有一个用心在里面，就是培养健康的、活泼的、有自己理解力的小公民。

16. 我觉得教师的职业理性其实也包含着教师在教学过程中的价值追求，我们应该更多地思考我们到底要培养什么样的人，要用什么样的方式来培养这样的人；当遇到困难的时候，我们能够放弃什么，不能放弃什么。我觉得，具体的教学过程中仍然留给了我们施展与创造的空间，确实，课堂更多的责任还是在我们身上。比如说，有一些学生在这个老师的课堂上与在那个老师的课堂上，表现与才华大相径庭。其实我们要思考的不仅仅是外在的条件，还有我们作为教师的理念、智慧、策略与技能。当回到自己的课堂作自我审视的时候，我们可能就会明白自己的局限在哪里，努力的方向又在哪里。

17. 回复大隐先生：
我觉得对教师职业的理性定位，首先应该是教师要有强烈的生命意识，不伤害、不欺辱、不蔑视、不漠视、不歧视每一个学生，这应该成为我们的职业底线。我觉得教师作为一个人，与其他社会成员并无二异，就是应该富有人文情怀和职业的责任心，应该是一个健康的、性情开朗的人，同时，作为一个教师，也必须拥有职业的最基本的能力与素养，操守与品格，这是作为教师的另一张通行证，此外，从更高的角度来看，一个好教师肯定还具有教育教学的表现力、个人化的特殊能力，要不然，所谓的好教师就无从说起了。

18. 支持大家对"教育是慢的艺术"观点的质疑，今天这个时代确实是泥沙俱下、万马奔腾的年代。教育不可能有慢的耐心，更不可能有慢的境界，但是好的教育肯定是慢的，这里的慢指的就是用人性的方式，针对各不相同的、具体的个人，有足够的细致、耐心与充分的教育意识，这样的教育去哪里寻找啊？当然我们应该怀有"虽不能至，心向往之"的情怀，也许这样我们就知道什么才是真正好的教育。

19. 大家对我的一个帖子，就是清林小学的十五个细节，有很多的呼应，特别是清林学校的老师，包括家长与学生也在网上写到了他们眼中的学校的动人的细节。我有一个感触，在今天的教育环境之下，其实一个好校长仍然是非常重要的，好校长能够调整、改善教育体制的很多不足之处。无论什么样的学校，一个校长应该仍有不小的作为的空间，就看你有没有这样的用心。这种用心也会对教师的教育与教学行为产生很大的正面的影响。

20. 呱呱说的四个关键词中"粗暴"最好还是谨慎一点，时代的背景确实也大不相同，所以我们谈职业理性确实还是有一个时代的精神在里面，这点尤其值得我们深思，比如，为什么今天社会对体罚学生之类的事情如此反感。

21. 记得新课程之后，福州市第一次小学统考，有一位老师在网上发帖子说是黑云压城，余文森和张文质都跑到哪里去了，怎么都不出来仗义执言。其实我们把教育想得太简单了，把教育的困难、复杂和改革的持久性也估计得严重不足。改革确实是缓慢的，所以钱理群老师说对改革态度要积极，头脑要清醒，改革要早，步子要慢。这个慢也意味着，也可能我们这一代教师始终要与应试教育作斗争，既要有新的教育理念，也需要有提高学生考试成绩的办法。这可能是我们一种对待现实的理性的态度，这种理性当然包含了妥协、退让、放弃和坚韧。

22. 所谓的职业理性，刚才崇高的话题我们也谈了很多，现在，不妨回到生计上来。首先还是要合情、合理、合法地争取自己的生存空间，改善自己的生存空间，提升自己的生存境遇。如果我们觉得教师这个职业还不错，我们就不要轻易地让人剥夺了职业的执业权，职业的尊严和荣誉。既要讲教育理念，更要讲如何实施这些理念，只有我们还能继续做一个教师，我们的荣誉和尊严才可能附丽其上。所以，有一些危机感和谨慎的意识仍然是非常重要的。

23. 再说说应试能力，我认识的一位福州特级教师，年年教高三的化学，他的课从来就不布置任何的课外作业，学生的负担可谓轻矣，成绩却非常好。所以，我常常会这么想，越是教师的教学能力低下，学生的负担就越重，而教学能力低下的老师往往专制主义的倾向更为严重。教师的粗暴中常常也意味着对自己能力的恐惧。

教育的十字路口 ◇ ◇ ◇ ◇

直到听见自己的声音

书无法拯救生活

今晚到哪里寻找一本值得读的书？很多时候我会盲目地站在书橱前看了又看，我失去对智慧的好奇，似乎更关心读下去的姿势，"灰不溜秋，忧心忡忡"，拉金使用的这样的词语，也适合我用来形容自己无数个夜晚。夜晚，我总是不大有方向感，一个人在白天耗费太多精力对付生活的烦忧，似乎也预支了本来属于夜晚的生命的宁静。

因此要找一本合适的书便成了夜晚的主题。这样的工作一直持续着。

有时，我就在这样无聊的拖累中，丧失了对教育问询的热情。也丧失了某种进取精神。

划过去，浅易而重复的生活。一个人如果选择了退缩的姿态，他就不可避免地染上一种"有教养的市侩气"，妥协、贫乏、衣食无忧，以小趣味应对着所有的担待。

这些零碎的语绪快速地闪烁了一下。

今天一早就有一位朋友发短信说：每次上你的博客，我也会少些怒气。我告诉她克制怒气其实就是我们这一代人的"文化使命"之一。我为自己做的很重要的一个工作就是"理解"，所有的批判、敌意、厌倦、退避、自省和重新成为建设者的努力，都建立在"理解"的基础上。缺乏理解，生命就有可能用偏方向，从而丧失自我觉悟与超然物外的圆融、诗意。比如，所谓的怒气，其实也仍然是一种复杂的值得审问的情绪。要从教育说起，我们的教育首先是政治，意识形态，体制的用心，并不是要培植健康、健全的人格，使每一个人在他的可能性中得到最好的发展，体制不可能有对自身私心的警惕、节制和超越，同样，在体制的"曲木"上，也开不出"笔直"的人性花朵。我们就在体制所预设的各种欲求之中，不停地摇摆，生命因为从未获得透彻的理解力，无法通过自问自悟找到答案，从而根本难以凭借理性，使自己能够在复杂的世界中确立人性的坐标，因为"理解"而成为一种改善和自新的力量。

　　活着，种种必须背负的重力，又有谁能借你一臂之力——如果有一本书能够帮助我一点一滴地洗去身上的愚蠢与邪恶，如果我能一开始就走在正道上，那该多好！

读到就写之一

上午读《南风窗》2010 年第二期，细致地翻阅其中的《洒墨刘道玉》，算是对刘道玉先生有了更亲切的理解。就体制而言，任命刘道玉为武汉大学校长，显然是个大错误，于是六年之后刘道玉成了全国唯一被免职的大学校长，这是对"错误"的纠正，体制再也不会重用他，刘道玉则对体制性的主仆关系有了更深刻的体会，从此认定"此生不再做官方任命的任何官，哪怕是一个小组长也不做！"

"此后他撰文抨击教育部搞假义务教育，搞假教学评估；他攻击教育部部长不懂教育，认为教育部已经不能领导中国的教育改革，改革必须从教育部改起；他呼吁中央组织部把遴选和任免大学校长的权力交给大学教授们；他疾呼'中国需要一场真正的教育体制变革'！他有一腔的火焰，很想一吐为快。2009 年初，他发表《彻底整顿高等教育十意见书》，全国 100 多家网站转载，评论 5000 多条，反响扑面，骇浪暴洒，让刘道玉始料不及，但他没听到由教育部传出的任何反馈信息。

"教育部也认为自己在改革，我说你虽然合并了那么多大学，那是发展，不是改革。很多人把发展当成改革了。我文章里的原话是：'1992 年以后，中国教育没有改革，只有发展，教育部是以发展代替改革，不是带动改革。'这句话得到网民高度评价，网民说这是'金句'。"

今天看完此文，上网就看到教育部关于春节期间让学生在网上向"祖国母亲"拜年的通知，先是疑惑为"恶搞"，后来才发现，原来是"真搞"，教育部一直以自己的方式在继续革命啊！

读到就写之二

最近终于丧失了写诗的热情——你不要反感我这样对自己的幸灾乐祸，因为前些时候诗神频繁地访问了我，虽然留下的只是支离破碎、不能卒读的东西。我仍然向诗歌脱帽敬礼了无数次。

现在换成零乱而感性地记录些随时想到的问题吧。

今天读《读书》2010 年的第 1 期《诺贝尔经济学奖缘何颁给政治学家》，闪出了这样一个思考。每到诺贝尔奖颁布月份，我们的媒体总是免不了要热议一下大陆中国人到底什么时候才有可能获得诺奖，2009 年年底去世的一位红色科学家在临终前也提出了"我们为什么培养不了大师"的"世纪之问"，这些问题我们当然可以有各式解读。有些话说了也是白说。我想到的倒是一个更简单的问题，比如不妨问一问我们自己，我们生活在各类学校的朋友，就我们的生活状态、精神状态、生命状态，我们能相信今天的教育、今天的学校能够为未来培养诺贝尔奖的获得者吗？

以前的一个说法也许倒是比较恰当的，"培养社会主义的劳动者"。这大概也更符合体制对各种利益的私心吧。

世界，就是我们理解的那个样子。

我则在自己的理解中建立了自己的世界。

从塞得满满的书架说去

　　往塞得满满的书架看一眼，确实有一种"仁人志士"都在那里争斗的架势，你到底愿意抽出哪一本呢？当我感到茫然、郁闷，像灰尘一样不愿意改变自己生活时，我会读谁呢？费尔南多·佩索阿叔叔吗？随便翻开哪一页，一个坐在自己无望而自足的身体中絮絮叨叨的人，他说的不是深刻，而是可以绵长地进入我的生命——"一道阳光突然照入我的心胸，我的意思是，我突然看见了它……"而在另外的时刻，我会想起本雅明，我想起的不是他的《单向街》，而是《柏林日记》，他并不是要写下自己的童年吧，他写下的是自己的文字，笔触、梦幻、某种变化多端的自我炫耀，只有那些天才作家才有资格这样放任，"为艺术而艺术"吧。好像是在奥·帕慕克的随笔中看到这一句话：一个人如果能够精细阅读十本书，他大概就可以成为博学而聪慧的人。帕慕克怎么描写读书的快乐呢？"……有时在海伯利亚达，一个避暑的小岛，打发晚上的时光那样，当我在没有人光顾的路旁长凳上坐下，开始在路灯下读这本书时，我就觉得这本书像月亮、大海、树丛和墙上的石头一样成为了自然界的一部分。"

　　今天早上我不知为什么突然"不可救药"地想到了这些问题，突然发现"教育"仿佛已经隔了很远，想到那些朋友，教师朋友，如果他们不再是教师，或者我忘掉他们是教师，我马上都会想到谁，想到哪些仅仅因为他的文字，以及通过他的文字所传达出来的阅读趣味，我看见了他更为生动而丰富的精神相貌？可能我还没有表达得更为妥当，我只是想说，我不是一个称职的教育研究者，因为我过于迷恋某些趣味、气息，某些天性中明亮而微妙的对美的"趋向力"，这是我杜撰的一个词，——就像所有因为读书而感到幸福的人一样，我总是发现那些精读者所说出来的话语，大部分都是说给我听的。我也始终在听，在听。

当我的记忆力开始衰退时，我更信赖的可能就是这些不断的增加与重复。

我愿意继续消极地说一句，在看不到世道和自我有太大变化的将来，也许只有读书仍是一件比较可靠的工作。不要说到多么远去，今天早上我读到一个句子，常常是这样，哪怕就是一个句子，你就会发现那些强势再也无法统治到你的心灵，那些道貌岸然的人所建立起来的"体系""工程""行动"都变得荒诞而可怜。帕慕克说，他经常做图书清理工作，"剔除的书籍都是那些年龄大概在五六十岁之间的愚笨、平庸、小有成就、秃顶、江河日下的男性作家的作品"，那么我们是否也该动手做同样的工作呢？

可能这些话还是说得太远了。更切近的应该是把我们的生命变成一种向智慧返归的过程。所有阅读的快乐，只有从阅读中慢慢培植起来，所有精细的体验，都是一种慢功夫，只能从一个又一个句子，一个又一个词开始。我曾认识一个诗人，他告诉我，他一直坚持每天读一本书，我很惊讶于一个人能用这种"苦行"的方式，满足自己对速度和计划的痴迷，我不知道他真正得到了什么。他说完这话之后，我又很认真地端详了他一番，我愿意看到聪慧与超然，我暂时不评价我看到了什么。

昨天晚上几位诗人朋友聚集了一下。杜十八宣讲《反克3》的编辑计划，其中的一个思路就是进入每一个人的1990年代。我相信自己有话可说，回忆比当时经历的还要精彩，因为精彩与否往往指的不是事件本身，而是一个人如何去进入、体验、气息、再发现。我发现自己更像一个活在1990年代的人，或者可以说从1990年代活下来的人。

阅读，耐心地写下一句两句，掩盖了我们在这个时代不具备"豪取巧夺"能力的羞愧感，一个教师——我还是要说回到我们的身份和职业的本色，在阅读和沉思中难免会添加很多忧郁，我们同样难免会把这样的精神色泽带到课堂上，实在也没有办法。"道理"也许不允许我们这样，良心却给我们开了一条通道。

如果你读书，就会思绪绵绵

我查阅一下帕慕克的原文，原来我的记忆还是有很大的出入。帕慕克引的是福楼拜的一句话：如果一个人足够认真地读上十本书，他就能成为一个圣人。看来福楼拜还是保持了对人性的乐观态度：一个人可以通过认真的阅读，而成为圣人。反过来又可以说这句肯定阅读意义的乐观的话语，其实隐含着真正的悲观：无论哪个时代，圣人总是极少的，原因就在于认真读书的人从来都是少而又少。有时，你也应该允许我骄傲一下，你跟我吵什么呢，你说说自己这些年都读了什么？我相信那些饱读之士，心中时常会闪出这样的自信与傲气。

有时候不免会想到学校的教育，用各种极端的方式强迫着孩子的读与写，我真不明白是"认真、严格"的教师还是"懒散、随顺"的教师更值得肯定。有些事情真要过了很多年才能明白。我读大学时，有个政治经济学的老师，公认的课教得好，还上了当时的《光明日报》，我宿舍一位老大哥有次期末考得了100分，而我只考了一个60分，这是我大学期间为数不多的坏分数，颇使我郁闷。多年之后，我总算明白，这位可敬的老师生动而严格地灌输给我们的知识，充斥着多么可怕的"谎言、诡计和欺骗"。按照帕慕克的说法，就是"我为自己曾经赋予它重要的意义而感到羞耻"。

人总是免不了犯错误，阅读自然也充满了风险，但这样的风险，似乎又只能通过阅读来解除。因为任何一个人的进步几乎取决于读书、取决于不断地通过读书培植自己的趣味和判断力，所谓的胜出一点点，大概就是来自书籍的厚度。

昨天我赞美过福州的阳光，今天似乎又降温了。这是周末的午后，我喜欢用一种怜惜的心情来享受自己的时间。坐在书桌前，我与每本书都靠得更近了些。我总是想得到快乐。

你想得到《野草》其实不是鲁迅写的吗？

我们真的需要"笨下去"吗？这是今天早上走在路上继续想的问题。就生存文化对我们每个人的形塑而言，我们也许一点都不笨，不过正是这样的"不笨"却可能不断地增添着生命中诸多的焦虑。"不笨"也许就是无法想得开，太有智慧，太善于"一针见血"，难以从忧恼中获得自处与解脱。"不足"、"不公"、人人"都不可信"，是我们社会相当长时间生存处境与生存文化的写照，一个人真要笨一点，麻烦就会多多了。

也许能够赢得的就是这样的小智慧，这才是更大的麻烦。所谓的"大愚若智"，可能并不是我们不向往大智慧，而是从何向往呢，我们的心灵有这样的前理解结构吗？我常常感叹的就是遗传密码与后天的生存哲学对人的宰制，几乎就是生命最大的强力。我们怎么思考，其实都是"只能这样思考"。再学习当然还会有成效，不过，也只能是小的改善吧。

有位朋友在大学中文系教三年级学生中国现代文学史，这几天正忙着期末考试的改卷，他看了我的"笨下去"的小文，给我提供了他学生试卷中一则"笨下去"的范文，夸张一点说，这位学生的答案可称是史上"最牛"的《野草》的名词解释：

"《野草》，乡村小说的代表作之一，作者王鲁彦，描写乡村野草的清新来反映乡土生活的恬静与淳朴，是中国近代社会文学创作美的象征。"

令我惊奇的是，这位中文系学生读了三年大学，都读了什么呢？不过即使对《野草》完全无知，他怎么能够把"答案"完成得如此流畅、自信？这样的答题技术，实在让人惊讶，一定有过高人指点，又是中小学教育百炼成钢的成果吧。

权当是一种沮丧

　　这么多年在学校的观察最基本的体会是，如果说我们今天的社会大体还是个威权社会的话，学校可能仍然更多地具有集权色彩。学校不仅管人的行为，还管人的思想以及所谓的灵魂，可以毫不夸张地说，学校对人所有的评价，哪怕看上去多么正面、多么公正，也满是对人天性中的善良、正义的一种毒害，所有的褒奖几乎都需要你的心灵付出代价，所谓的成绩往往都充斥着丑陋和虚伪，要么就是以牺牲人的生命健康为代价。实际上只要我们身临其境，我们就知道自己既是受害者，又是施害人，没有人可以例外。没有人敢说自己不伪善，即使最善良的人，只要你在学校中，你就无法避免为恶、作假、伪善、妥协、明哲保身，有时还要助纣为虐、落井下石。要是你还想着一些"荣誉"、更好的"地位"，我可以断定，你的良心就会有更多问不过去之处。即使你也在做着人们普遍认可的所谓的善事，你同样要同时为恶、行凶，因为你的行为不只是受你自己所支配，只要不退出，你就在强大的"势"中，简单地说就是"情势所迫"，身不由己，这是一整套制度，细致到难以喘息的胁迫与控制，有史以来最精致最全面的渗透技术，没有人能在这样的文化之外。

我讲了 20 分钟学校文化

2010 年 1 月的某个下午，参加福州鼓楼区的教育论坛，作为"嘉宾"，发言了 20 分钟。会场上有 500 多位校长、教师以及市区教育局领导，人数构成了压力，而 20 分钟的限制，几乎让你很难有腾挪的空间。

可能我谈论的还是"老三篇"，先说到这所学校的会场毫无儿童色彩，可以看到成人文化对儿童的强势，然后话题转向一所学校的营造，从建筑的结构、色彩、内部空间、楼梯、厕所等等，我们都可以观察一下到底以谁为中心，以儿童为中心有什么特征，以成人（管理者）为中心又有什么特点。我的目的是要转向强调所谓的学校文化应该建立在对儿童和儿童特性的尊重上，必须以儿童的发展为目的，这既是回归之路，又是教育的再出发。只有教育回到教育，我们才能更好地理解什么是教育。我忍不住说道，比较可怕的是，有人提倡"创新教育"时，所有的学校都在"创新教育"，而现在是"和谐教育"，大家都和谐了，明天会有什么新花样？学校是否应该与"政治"有区别，有距离？我接着说："我不敢说学校文化应该去政治化，但我内心确实是这样想的。"后来我对自己的体会是，我无非想说明自己是个有"异心"的人而已，应该有人这样纸上谈兵，哪怕就来一下。

虽然只有 20 分钟，我还是准备了好几天，当然主要是一直想着这个问题，我习惯事前认真准备，现场即兴发挥。

下面是我拟的发言提纲：

我对学校文化的思考

1.儿童文化是学校文化永恒的主题。

2. 学校所有的文化发展的交点都在于促进儿童更好地发展上。

3. 发展儿童的核心在于理解儿童、尊重儿童，使儿童在自己的意义上得到最好的发展。

4. 从这个意义上说，学校文化的核心视角应该在儿童身上，所以学校首先需要以儿童的眼睛和儿童的心灵来理解与建构自己的文化。

5. 从这个意义上可以进一步说，学校文化往往具有三个鲜明的特征：一是以儿童为本位的，强调儿童性，比如安全、舒适、童趣、丰富，等等。比如你会直观地想到：幼儿园色彩斑斓，小学是鲜花盛开，中学是绿树成荫，大学是古树、常青藤。二是以儿童发展为本位的，强调普适性价值，凸显文化的多样性、多元性、选择性、自主性。强调儿童身心灵的和谐发展，凸显文化发展的适应性、阶段性及个体的差异性。三是以学校的个性为本位的，一定是基于儿童性和以发展儿童为目的，突出学校的传统、优势和办学目标，文化可以借鉴，但往往又难以移植。

6. 学校要形成自己的文化，需要价值判断力，需要校长与教师的共识，需要师生的共识，需要学校与家庭的共识，需要社区与社会的支持。同时，学校文化是一条流动的河，需要在坚持中一代又一代教师共同积累、维护、调整与提升。

前几年我曾接受了《中国教育报》关于同样话题的访问，下面是我的三条回答：

关于校园文化的理解

张文质：无论世事如何变迁，一所学校、尤其是一所"老学校"一定有岁月掩藏不了的荣光。我仍然清晰地记得，有一次踏进一所百年老校并不宽阔的校园那一瞬间，三棵巨大的据说有八百年树龄的香樟树带给我的震惊。其实，我这种体验就是对这所学校由树木、建筑以及特殊的气息所组成的文化由衷的景仰。文化首先就是我们的生活，你稍加辨析就会发现，我们生活趣味、情调、质量、追求的变化其实就是文化品格的变化，也许从这个意义上说，任何的学校文化都不可能脱离于时代。另一方面，文化也可以看作是一种传统，有一个学者说，要经过多少年的跋涉才能形成一点点的历史，又要经过多少年历史的陶冶，才能形成一点的风格，这个风格其实正是文化的写照。学校文化建设，也许更需要对属于每一所学校的"传统"重新发现、认定、弘扬。在这一方面，分歧甚多，经过无数的破坏、抛弃、误解，我们的文化也是"不成熟"的，正是这个原因，学校教育更容易陷入一种虚无、急功近利、无章可寻、无"文"可依的状态。学校文化建设应因于时代，以成全人、带给每一个人幸福与希望，校园文化核心点应该建立在对每一个具体的个人的陶养、润泽与成全上，这既需要勇气、责任感，更需要一种耐心。正如日本学者佐藤学所说的那样，教育属于文化的一部分，文化的发展越缓慢越好，在这种缓慢中才能沉淀下一些特别有价值的东西。文化建设需要的正是这样慢的心态、历史感和对未来负责任的精神。

关于校园文化建设

张文质：美国的著名教育家博耶曾经谈到过：对任何学校而言，有一个共同的奋斗目标最为重要。建设学校文化如果没有共识就难谈建设，没有对职业的认同感甚至忠诚度，没有合作性的伙伴关系，所谓的文化往往只可能写在墙上，印在文件中，根本难以践履。因此在我看来，既看重物质形态的文化，更为看重生命形态的文化，尤其是校长、教师，他们身上所凸显出来的文化是最需要审视与变革的。所以建设校园文化要从培养人的核心价值与核心素养说起，我认为校长和教师都需要有更强的"范本意识"，正是这些范本深刻地影响着学校的文化形态和品位。

关于校园文化中的问题

张文质：法国著名哲学家德里达曾经说过"晕校"现象。就是由于学校过于严苛的竞争、管理、压制所造成的。毕业多年之后，只要一经过学校，哪怕是从学校墙外走过，仍然会产生眩晕感和恐惧感。我们现在的学校最缺少的就是人性的温馨、对每一个人细致的帮助与充分的肯定。管理主义盛行，很少能够考虑每个孩子的需要和成长过程中的各种难题，动辄辱骂、批评、打击，在这种环境中成长起来的儿童，是很难有一个健康、自信、平等与民主的心态的，加上应试教育愈演愈烈，孩子们的童年早早就被剥夺，生活极其贫乏、单调，你说他们怎么能对未来充满信心呢？灰色童谣表达的是灰色童年的声音。

今天想到的十个教育问题

1. 我们想到过今天用残酷的方式教育出来的孩子只不过是廉价的劳动力和失业的储备大军吗?

2. 我们想到过并不是所受的教育、品行、创造力决定孩子的未来,而是他生活的阶层和家庭决定他的未来吗?

3. 我们想到过今天的教育根本不可能实现阶层的流动,穷人总是更多更早地被淘汰吗?

4. 我们想到过任何一个偏执的社会,教育必然是偏执的,而且任何行为越是偏执越能大行其道吗?

5. 我们想到过如果没有社会其他领域所取得的相关的民主成果,教育在更大的范围里的进步便不可能发生吗?

6. 我们想到过如果今天的人们没有梦想,梦想也就不会在我们下一代身上出现吗?

7. 我们想到过在谎言和恐吓之中,我们的教育根本就没有走到它应有的变革的起点吗?

8. 我们想到过在残酷的教育生活、支离破碎的知识、毫无把握的期望中成长的孩子,他们所失去的正是本来最值得珍视的——希望吗?

9. 我们想到过今天的教育仍然是流泪的教育,需要深深忏悔的教育,即使我们已经觉醒，但我们也仍然带着黑暗的痕迹，我们也仍是罪人中的一员吗？

10. 我们想到过对任何一个教师而言，最重要的都是自己拥有什么样的文化，能不能对下一代有真正的善行吗？

教育是中年人的事业

上午在王木春的博客上发了短信息，希望他给我挂个电话，我想向他约《明日教育论坛》年度教师的稿。中午就接到他的电话，我说:《明日教育论坛》已经有了十几位年度教师，怎么说也该轮到你了。

是的，王木春是个好的高中语文教师。

我武断地说我们已经拥有比较多的小学优秀教师，但好的中学教师很少，不过即使在这"少"里面，好的中学语文教师还是要占了不小的比例。

我更相信那些没有多少"体制荣誉"的好的教师，他们有才华，真诚，面对着自己的学生时常满怀哀伤，他们认识自己的限度，也认识自己的"生存之恶"，他们努力使自己能够对教育保持热情，同时不让学生太失望。

我认识的很多优秀的中小学教师，都是父亲、母亲，都是中年人。我对木春说：教育是中年人的事业。木春也同意我的看法。

由忙碌引发的几句感想

我想我时常就生活在"必须"之中，所有的召唤都是一种继续。每天我都乐于接着思考教育，但往往我并没有把这样的思考记录下来，这些文字已经消弭在空气中了。其实，你过的如果是一种"无教育"的生活，那倒是好的。有时我愿意说"迟钝不错"，"庸俗也是好的"，不是要故作惊人之语，而是你想想看，一个忙碌的人最恰当的身份就是忙碌而已。

因此我们的烦躁、厌倦、对生活的敌意都是或者主要是从忙碌中来的。像哈扎拉尔说的，你与忙碌的人最好就谈谈天气，下雨或不下雨，你不要说起雨中的树木，说起雨的不同的咏唱，雨在不同季节的气息。哈扎拉尔给统治者的"建议"就是必须从学校开始培养未来"建设者"对生活的厌倦，因为厌倦是无害的，一个缺少热情的人，也就缺少对生活的想象，没有想象力的人必定是没有"破坏力"的。

而好的教育则一定会希望学生"爱惜精神的粮食"，让学生明白"今天"生活的珍贵，因为从这每一天中你都会不断地获得生动的自我唤醒，你会渴望着明天早一点到来，你心里一定有一种强烈的"黎明意识"，天马上亮了，万物越来越清晰地显露出自己的秘密，美好的召唤，生命产生新的顿悟的那一瞬间！然而，现在，当我们这样描摹教育时，我们的灵魂真的就被可怕的疼痛所围浸了。

哈扎拉尔说："从某种意义上我可以断定，邪恶其实就是一种对自身的绝望，因为它不希望在它的控制中出现真正的生机和人性的活力，它不希望改变，不承认多元，否定天赋的权利，它只需要继续维持着对人的宰制，它试图把一切都变成了维持自己宰制的手段。""因此可以说，教育总是要受到最严格控制的，学校是得以使所有幻想开始破灭并不断破灭的试验田。由教育的毁灭，一个民族的心也就死了。"

成为懒人的15条理由

想到我再也不必为写论文的事犯愁，心里还是感到满舒坦的。几乎可以说我从来就没有把论文的章法弄清楚，心中对之惧怕也是应该的。1997年时我接手一本刊物的编辑工作，就尝试着要使教育写作散文化，我把它称为"生命的手书"。不过这份差事还没干上一年就丢了，因为我的"不驯服"和"不遵守规则"，当然这怨不得谁。1999年我阴差阳错地又成为另一本刊物的实际主编，这个时候对如何编辑教育刊物心底的思路则更为明晰了，一开始我就明确地倡导教育随笔的写作，鼓励教师们写作时可以不拘形式不计长短，要注重真情实感，要直面教育的真相。这样的办刊理念一直坚持到现在，还算走得顺畅。

现在我写这些文字并不是要对如何编辑刊物作个介绍，而是想说明某种程度上可以说一本刊物的风格总是与主编者的才能、趣味（也包括他的局限性）有关，同时还想说的一点是正是因为这样的刊物平台也使我自己的写作更为真诚、率性与自由，并逐渐有了一种与其他写作者不同的风貌。

今天的教育诸多问题的成因肯定出在制度与文化上，但同时也可以说是我们的人性普遍地存在着麻烦，我常想我们无论对事对人的第一闪念经常是有问题的，所谓"不假思索"、"脱口而出"的往往显现的都是人性恶的一面，因为我们成长的背景就是这样，这种恶的、丑的、狭猛的反应已深居我们身上，对之怎么警惕也不算过分。

同时，我们还相当程度地缺乏对他人的善意和包容心，常常"不惮以最坏的恶意"去揣度一个人，人际关系的紧张与恶化往往就与这样的"恶意"有关。

我还想到我们对自己也总是太苛刻太焦急，我们总是不知所终地不断向前追赶，早已忘记了对自己生命惬意和富有诗意的眷顾。

于是我常常想到的就是要不断地改正与调整自己，要不断地提醒与克制自己。

于是，我先写下了"成为懒人的十五条理由"，作为一个自以为是的小目标：

（1）普鲁斯特赖在床上说："病榻上独自的虚弱，让我们有机会认知与学习，有机会思考这个世界的许多过程。一个倒头就睡，醒来就干活的人，永远没有这种机会，永远不会创造，就连让他分析一下他那良好的睡眠，也够呛。"

（2）弗洛伊德说："懒散不是什么都不干，而是有自由去做任何事。"

（3）意大利"懒人大会"的组织者、喜剧演员兼作家吉安尼·范托尼说："懒散不是什么丑事，而是智慧的象征。懒人用智慧寻找捷径，从而达到事半功倍；同时懒散也是在有限时光中寻觅到长寿的灵丹妙药。"

（4）忙碌的人是不诚实的。

（5）一个人不爱自己的床铺、自己的沙发，几乎就不可能热爱这个世界。

（6）懒散是我们抵达梦想最近的一条路。

（7）人生的大部分痛苦与麻烦都是因为不能待在自己的房子里造成的。

（8）从童年到现在，每天具体的痛苦总是在我们离开床铺后才变得更加真切和难以忍受。

（9）对勤劳和财富的膜拜，使我们成为有智慧的蚂蚁，也许比这还要糟。只有懒散才能抚慰我们已经受伤的心灵。

（10）美味总是和慢餐连在一起，对美色的欣赏也与耐心连在一起。

（11）温暖藏在被窝里，想象力藏在懒散之中。

（12）爱因斯坦说："负担过重必然导致肤浅。"负担过重还导致更多的疾病和烦忧。

（13）有规律的生活比信仰更重要。

（14）忙碌的人总是抱怨、沮丧、自我迷惑，只有懒散的人带着醉意，欣赏自己的凌乱与沉静。

（15）如果没有更多的时间用于凝视窗外，我们怎么能相信生命仍然真实地存在呢？

不是说这个国家很有钱吗，为什么一说到教育就没钱了？

昨天傍晚和钱理群通了很久的电话，也谈及《国家中长期教育改革和发展规划纲要》。我说："钱老师，应该又有不少记者要找你发表意见吧？"钱老师乐呵呵地回答："没有啊，他们不会找我的，因为我只会挑刺！不过我倒真的有话要说，我说的重点是，教育部刚说过今年教育经费投入要占 GDP 的 4%，怎么到了《纲要》中就变成 2012 年才能实现呢？发布的时间只隔七天啊！不过这个话题已经谈了十几年了，从这点看，你就不能抱希望。但是我不明白的是，不是说这个国家很有钱吗，怎么教育的钱就拿不出来？"钱老师又说："要培养人才首先还是要寄望基础教育，没有好的基础教育，大学投再多的钱，招再多的学生，都解决不了问题。有了优质的小学、初中，人的生命质量就大不一样。即使有些孩子由于种种原因上不了高中，上不了大学，能上好的初中也好啊。现在的情形是，很多学生读到初中，就对教育再也不抱希望。《纲要》中提到，高中升学率要达到 90%，我不知道这些生源是从哪里来的，我们等着看。这些年，我不大敢给教师讲座了，对第一线的情况，我不了解，也解决不了他们的实际问题，我说的都是'空中楼阁'，还是不说为好。"

谈到家庭教育，钱老师又说："首先还是要寄希望于家庭，这是基础的基础，也更可靠，我也和很多出版社说，你们要多出家庭教育的书啊！"

我和女儿聊天时，聊到什么

像我这样的人总是希望能够像佩索阿那样写作，我明白的是，我并不具有佩索阿的才情，我同样明白的是，写作于我就是闹着玩，随性，随时，随行随止。这辈子我都不会成为有学问的人了。这辈子我都不会拿自己的文字作为任何形式的"敲门砖"了，我无门可敲，我只想着随便写写，只想着早点退休，从工作状态中尽早滚蛋。我以读书写作为自己最佳归宿，以闲聊发呆为最佳的娱乐方式，以往来无官无商为自己生活的清规戒律，以不参与官会、不听官话为自己的追求。我从未参加过任何政治组织，以政治清白为自己的道德原则，这一点使我能够坦然面对自己的女儿。今天我还告诉她，我对她未来婚姻的希望就是，希望她要嫁的人同样来自清白的家庭。我们坦诚聊起这个有趣的话题，以后大概还会说了又说。

所谓的正道是一扇窄门

佩索阿说：人从根本处而言，都是极易受诱惑的，这是人类共同的命运。诱惑之为诱惑，就在于我们内心都有一个对应于这个世界所有复杂性的结构，几乎在每一个关节点上我们都有难以抑制的欲求等待着满足。不是人不愿意走正道，而是所谓的正道往往对这样灵动不居、忽隐忽现的"心灵"构成了可怕的压抑，因此，这个世界大凡总是处于这样的状况："人推着不走，鬼拉着飞跑。"

喧哗的叶片

　　办公室有很多绿色植物，我看着它们，总觉得在接受它们的问候。说起来，每天它们和我相处的时间总是最多的。从这个定义上说，它们的价值肯定会被夸大，实际情况也是这样。当我喝水时，也惦着它们所需要的水分，我呼吸的是和它们一样的空气，我是它们想象的另一种植物。我使自己演化成无数种关于自己的版本。

预言家

哈扎拉尔说：一场伟大的球赛，有助于那些被宰制得喘不过气的国家的人民减轻对帝国的敌意，甚至他们因此也会对自己更好一点。如果这样的节日时常得以正常地进行，发生革命的时间总是不得不被推迟，最后就连最可靠的预言家也难以预测革命到底会在什么时候发生。预言家只好降格为算命先生、风水师，以卜算凡人生老病死、旦夕祸福为生。

所谓骨气

我从各种各样的被教诲中觉察出了"骨气"一词隐蔽的意义：它属于被宰制国家人民"应有"的品格，是爱国主义教育的主要组成部分，你越是身处底层，越是最为经常地被教育"要有骨气"，骨气会增长我们对苦难的承受力，骨气甚至会使我们对苦难充满了自豪，因为这是天降大任的标志。骨气往往具有一种奈我几何的表现力。

以更谦卑的心对待所有的批评

　　这些年也不时听到各种批评与议论之声，有些批评的人隔得比较远，你听到了既无处反驳也不好再作任何解释，有些匿名批评是偶尔在网上看到的，看看也就罢了，你实在也不知他是谁，就是说得再离谱，你也不可能要求他删除。如果这样的批评是留在我的博客上的，我一般不会删除，留着它是对自己的一种提醒。但还是有些批评或议论，会让我比较难过，比如这些批评和议论就来自你身边的人，你的合作者，或是每次见面、打电话都对你称兄道弟的人，而批评、议论的又是你个人所谓的"私德"。(好玩的是，你对一个人所发的议论，无论怎么一对一，天不知人不觉，却总是会很"奇怪"地传到当事人那儿的。)当我听到这些批评与议论时，首先也总是比较生气，比较受伤，有时也会比较意外，像警匪片说的那样——英雄总是死于兄弟之手，我不是英雄，但也会有类似的感慨。好在，我不是一个激烈的人，不易于被激怒，更不会以牙还牙，或者作出其他的"反制"。我只会默默以对，然后慢慢回到对自己的反省之中。说实在的，我等素民，囿于各种能力、学养、偏好、境界之欠缺，确实是一个不完整、不完善的人，因而我相信几乎所有的批评都是对的，所有的批评都有对你恨铁不成钢之意，所有的批评也都是你"应得"的，也真应该心怀感激才是。

多一个人就多一分希望

开完生命化教育研讨会回到福州真感到有点疲劳了。于是特别想到宗叔承办这样一次研讨活动的不易。很多事情只要认真去做，都是颇费曲折和困难的，现在做过了，也就有了点心安与欣慰。

生命化教育已在各类学校践行了八年，如果你真要问我收获了什么，明天的路又在何方，我是很难回答的。大概我回答的勇气也正在培养之中。在今天这样的教育与文化格局中，所谓的生命化教育能够生存下去，且有芜漫深化之势，这已经使我有点惊讶。

我一直都是且行且思，又读又写，我希望自己就是认真的践行者。正因为需要不断地去寻取、探问，书也就越写越多，思考的问题也变得越来越复杂。也许这也不是坏事，因为复杂背后是生命的坚韧与丰富，是人生别样的苦涩以及从这份苦涩中沉淀下的一点点甜美。

我们都有很多人性的短板与人生的困局，于是我无论何时都愿意更多地审视自己，推己及人，推人及己，生命化教育首先要做的就是不断地自我反思。那天我在通州说的是这五个词：谦卑、柔韧、包容、接纳和坚持。我说的我们的立场是：批判性地思考，建设性地投入同时又是生态性地植入，做一点算一点，多一个人就多一分希望。

直到听见自己的声音

　　时常会感觉到自己处于特别两极的情绪状态之中。退出，进入。我总是要受简单的"选择"之苦。其实并不是要付诸行动的具体选择，而是从未产生结果的精神负重——对某一种生活，我们想象出可供选择的行为策略，然后就把它们都放在心底变成了自我折磨。可能"折磨"这个词略显沉重一些，但我知道，一旦空闲下来，陷于沉思，我便在自己内心建立一种机制，一种使自己无法得到宁静的机制。也可能，这样的生活方式本身就是错的；同时，它却是属于我的唯一的方式。

　　世界上很多事情你都可以问出因果，但是问完之后，"因"又是何因，就成了所有的症结所在。每一个人看自己都可以这样，有的人已经这样做了，有的人却可能并没有意识到。对有的人而言，常态可能就是一种病态。我愿在我的生活里表现出平静的庄重，但在对生活理解的背后，大概免不了掩藏着畏惧、退缩、沮丧、忧伤等等。很多生命斑驳的色彩，你应该怎样品味甚至通过某种方式使之澄清，变成一种虔诚的欢乐，一种欢乐的谦卑，一种明明知道它的灰暗、晦涩却能使它在自己的内心，因为不断的自我凝视，而独具智慧的芳香呢？我总是要把担待、接纳看作是生命几乎别无选择的态度，同时把矛盾、犹豫作为人生的一种底色。所有精神强健的人，并非没有陷入绝望，而是，他最终能够带领自己继续在痛苦中跋涉与蜕变，日渐成熟其实就是日渐清澈。

　　几年前，我听见一位教育思想者说到了一个登山的故事。她说，当她起意要登一座山时，身边有很多智者叽叽喳喳地给她规划登山的路线和方法，当她决意以自己的方式登到半山腰时，又听到身边有无数讥讽的声音。她继续一意孤行，到了高处，再环视周围，那些声音全部都听不到，也不知道消失在哪里了。在讲这个故事时，这位思想者的弟子从老师的话语中，听出了果敢和傲气，老师则不再作任何的解释。

　　我所听到的是这位思想者弟子的转述，我时常回味这个故事，今天我有了另一层的理解。当思想者说她听到很多议论和讥讽时，其实思想者在这个时候还是很在乎外界的评价的，我们耳朵中所充斥的，常常就是自己内心所有的。如果我们不能"俯瞰它、呼唤它、校正它"，大概我们的心灵也就尚未强大到足以引领自己穿过生活的复杂和困难，我们就仍是被动的应答者。也许根本就没有高处和低处，只有无尽的远方，目光所及，到处都有需要去把握的生活，需要有一种毅力，一种在沉默中独自前行的毅力。它既倾听自己内心的声音，又能从大自然的律动中汲取营养，它才可能成为自己的一件作品，它的命运才不再取决于任何的讥讽或者赞誉。这样的作品，不是说它一定有益于世界，而是它本身在说话。它为自己找到了存在的依据。

生命的热情来自对自由的肯定

在校园、在教室，在与学生彼此的注视和对话中，教师始终没有创造任何的事物，教师从来都不是创造者。这是多么奇怪的自我认知，并不是我们不知晓这一切，而是，这样实事求是、恰如其分同时又极其明确的自我否定有助于我们把自己的责任引向某个正确的地方。教师确实是学生更亲近、更熟悉和更需要的人，但教师从来不可能给予学生任何学生本人身上所没有的东西，就是针对学生身上已有或任何潜在的资质，教师对于他的帮助，从来也都是一件复杂、艰难、有可能收效并不明显的事情。教师在具体的工作中，最容易产生疲倦、挫折、茫然和无力感，教师很容易把复杂的、极其需要智慧的工作变成某种秩序、某种强制和照本宣科，教师很难从教育内部得到理解、声援和协助，教师很容易从教育外部感受到压迫和敌意。教师工作的复杂和低效往往被误判为能力的缺失和责任的丧失，教师很难面对这样的恐惧，甚至也很难有足够的时间去赢得信任，他们时常生活在所谓的"成功"与"失败"的边缘。很多时候教师的用心都转化成了应对内部和外部的评价。做一个教师，你就很难泰然自若，从容不迫。也很难不受伤害，始终保持对工作的奇妙热情。

像这样"否定"的揭示似乎可以一直持续下去。

写到这里，大概你也可能从中读出某种苦涩感，尽管并不是我的文字揭示了这一切，它才是这个样子。它不是别的，它就是一种"活跃"的生活的力量。我们日常感受和对生命的抗议往往微不足道。作为一个不断向回转的写作者，我感到迷惑的是，我更愿意在我的文字中表达出对教育的沉默，我说得越多，内心就越明白这些声音是怎样的相互重叠、彼此抵消。我并不是能够揭示教育真相的人，我在这方面也没有什么特别的用心。其实我更耐心的只是专注自己的心灵，试图去理解所有的生活怎样形成一个人日渐深刻的对世界的体验，在这样的劳动之中，我倒是始终恭恭敬敬，兢兢业业。在一个人喜欢的领域，他写下的文字既是记录，自然也就更显得有一种平心静气的对生命的服从，他的手法无论如何的稚拙，都可能更容易运用得当，因为他所要呈现的就是生命本身，心灵在那里肯定有着敞亮的程序。即使有上千种表达方式，但在心智生长过程中总是有着恰切的道路等着你。另一方面，对文字的信赖，还因为文字总是更难逾越的，它完全是自发选择的结果，它的呈现也是，"它只能这个样子"。

一个充满危险的时代，我们既知道它现实的危险所在，又常常不知道它还将产生什么样的危险。人们往往要回过头才知道当时某种选择、某些智慧是怎样的富有远见、令人惊讶。一个人活着，又从事着教育工作，大凡只能让自己更守旧一点，更谨慎一点，更细致一点，如果你相信在教育中某种经验是靠得住的，你注视自己，一定能够第一眼就认出自己曾经作出的有价值的事情，按里尔克的说法就是，"后来人们会看到，每一个好的果实，都来自当时开放的一枝花朵"。所谓热心的学习，无非是让一个人变得更有判断力，能够为自己划出正确的边界。

对社会变革的等待，总是使人更为失望，今天我们活着的处境，就我们生命的有限性而言，谁知道应该给它打上多少分呢？你尽管可以相信未来，但你也要明白，每个人都只配活在他的时代，也许这已经是"最好"的了，你初次看到，你就定格在那里。

无所谓消极与否，认真地对待每一天、每一件事、每一个人，这才是更难的事。在"认真"中总有足够的自由，赋予每一个人。"认真"会唤醒一个人身上无数的知识、经验和临场的智慧，把握、理解、丢失、放弃和希望，一只手的"教育"总会更公正地给予人爱抚和帮助，不知疲倦的人大概比较值得信赖，就是说劳动在这里由本能变成了一种向往、由一种改变世界的努力变成了自我馈赠。"每一分钟里都有上千次的生活"。那些长久震撼着我们的幸福，也就是从无数这样的时刻开始的吧。

让教育成为自己的命业

　　2010 年的夏天，江苏通州张伟先生发来的《教育，生命的言说》书稿一直是我惦记的一件事情。那些陌生的江苏通州教师朋友的名字，原是我很难有机会熟悉的，但是随着他们美好的教育言说，我有幸一次次走到这些思想意蕴的背后，沉思与感慨，像我惯常所做的那样。可以率直地说，这每一个名字也都是令我遐想、渴望着成为自己记忆的一部分的。我不知道这些教师的相貌、年龄、情趣，也不知道他们都有过怎样的童年，又是如何得以找到自己生命的立意所在，但是我坚信在这些名字最初命名之时都受到真挚的祝福，每一个名字都是嘱托和珍爱。不过，现在我更为在意的是他们的第二次命名，自我命名。一个生命一定是通过展现自己的方式，日复一日地生命实践，才获得自我认同，以及得到一个恰当的称谓的。因此我们也才能说，我们可以因为这样的名字，而走进教育者的精神世界。而他们的言说既关乎自己的生命，又总是属灵的，教育就是生活的意义所在，又是对生活的指引。这些言说无论轻重深浅都是出自用心的思考的。

　　现在我也和这些朋友一样有能力去理解教育的所谓奥妙，这个能力来自生命本身，岁月、经历、沉思、阅读等等复杂的融合形成的对人性的颖悟。激烈和愤怒逐渐远我而去，即使沉重的挫折也难以使我变得更为沮丧，我说的大概是我已经足够沮丧了。我时常幻想的都不是这个世界怎么才能变得更好，如何才有可能进行体制之内的异动等等，我变得不再关心这样的"大事"，我变得退缩和安静，这个时候我思考教育，我就回到了基本的道路，回到了人性的常态。说实在的，我一直花很多时间思考教育问题，也发现现在写下的文字越来越简朴了，似乎抵达之路就是一条朴素的路，把话语说得清晰、明了才是正道。这样大概也不错，因为我最为关注的其实就是这样最为普遍的问题，教育既是精微、复杂、个体性的，另一方面，我们介入的思考都往往基于普遍的人性，教育离不开作为人的由古至今、不论中外大体相近或共通的价值观，要说正道似乎也总是要说到这里去。

同时不可避免的是，最浅白的道理往往正是最难体认的，因为透过那些浅表的"知识"，更重要的是要建立起一种信念，理解可能比较容易，而真正付诸实践就难得多，要将这样的实践化作生命的自觉则是更为困难的。穿透教育中的这一层意味，一定要有每一个人的觉悟，也就是每一个人最终都是由自己引导自己走向远处的。若没有真正的觉悟，所有的道理仍免不了知行相阻隔，难以成为行动的自然而然的路线图。

比较有意思的是，有些话题、见解、词汇，完全不是新出的见识，但是在20年前我的理解肯定与今天不一样，如果我没有更深地把自己的生命融入教育，即使到了现在的年龄，我也很难有什么新的认知，或形成自己对教育常识的生命性的理解力。这一点，我相信很多朋友也会有相似的看法。在《教育，生命的言说》这本书中恰恰有着无数这样的共鸣。可以说真正有意义的思想总是能够不断激活你的思维，影响到你生存和生活方式的。你真正认同的人生准则，往往也就是教育中最朴素、最具真理性的原则。

正是基于这样的理解，我似乎也悟通了编辑这样一本书的旨趣所在：让我们尽可能地沉潜下来，在自己的生命之中去寻取人生的关键词、寻取教育的意义。我这里说到的人生，强调的也就是在教育中所有的行为本身，实际上都浸透了我们对命运的领悟与顺从，看似一个个小词背后都有着无数的悲欣交集、起承转合，再朴素、再稚拙的表达也是心灵的表白。"小词"同样意味深长。同时，在教育中所有的言说，我们不仅可以看到"所说"的，还可以透过所说，走进无数的教育现场、生命现场，感受到在艰辛和不易中良心的坚持，以及对伟大事物的景仰。

另一方面，书中这些日复一日劳作的教师朋友又是幸运的。所谓的幸运不仅是指他们能够成为卓有成效、令人敬佩的通州名师协会的一员，也不单是说在这样的名师成长平台上他们能够得到更多的"可持续的发展"，我更看重的是，在这样的团队中，通过耐心的启迪与相互启迪、引领与相互引领所形成的教育认同和不断深化的教育智慧生长力，实际上，所有的这一切都在使人变得更好：幸福、快乐，富有自信和能力，知道自己行走的方向，教育日渐成为命业所在，从事教育工作既是对自己的款待，又必然有补于世道，成为生命中美妙的风景和最好的归依。

教育就存在于生命之中

一

一个温和的人在思考自己的温和时，也有一种隐约的不安：温和是一种谋利的伎俩吗？如果不是，温和显然是一种文化的弱势，远离力量、激情和锋芒，甚至有一种缺乏想象力的意味在里面。所有的对比，在这个时代，都使人容易向往自身拥有一种强大的能量。我们是经常坐卧不安的一群人，不是因为睡眠不佳，而是，我们总是要个不够，太多的匮乏和匮乏造成的可怕的经验，让我们永怀饥饿和对饥饿的恐惧。当我们试图把握自己时，我们既是含糊的，又时常有一种你意想不到的锋利。我们会说，这样的迷惑不解也不时困扰了心灵的安静。

温和不单是一种文化品格、一种教养，像人们常说的礼节、风度，温和可能也是某些人与生俱来的东西。谁知道呢，"他就是那样"，他身上总是有着最大的关于个人性的秘密。的确，人所以成为人，你可以找到无限多的依据，说得明了一点就是那些普遍的人的属性。

说起来正是这样的对人的信心，使我们把探究人变成了一种科学，变成了日常工作，今天这也已成为常识。但是有时某种消极的思想，仍会强调，对人的某种个人性的无知是必要的，这样的无知或许也是一种尊重，也有助于人用自己的方式去守护自己，由此他就可能同时发展了自己。过量的追问与好奇，也会引起很多的不安，也会使人对自己产生一种被动感：似乎我非要参与到"公共生活"不可，非得敞开与接纳不可。尼采说：一个被完全理解了并被归纳成一种知识的历史现象，对于知道它的那个人来说，是死的。我更看重的，则是某种心灵与生命的神秘性、不可知性，因为只有如此，它才是有欠缺的、不完备的。或许它时时能够从中变得鲜活，它是从自己的不完备中汲取了滋养，它有属于自己的成长的空隙。

总是只有少数人，既知道自己活着的目的，又具备了普遍的辽阔的对他人对其他事物的关怀，这样的判断不是从统计数字中得到的，而是我们"想一想"大概就能知道了。不管怎么说，所有优良的品质都是让人心生敬意的，甚至心生感慨的。所谓的敬意来自我们对高处和远处的仰望，我们总是多少知道一点优质人生对一个人构成的吸引力。那么我们为什么又要心生感慨呢？我常常要把某种奇迹首先归功于命运。正因为太多的不可解、不可思议、无能为力，造就了生命不同的样貌和差别，我们接受并试图在理解这样的各不相同时，就不单是对命运的屈服，而是，完全有这样的可能：我们也生活在命运之中，我们把命运作为了理解的前提和构造世界的依据。我们生命中便有了一种自见力，这种基于爱和怀着爱的幻想的自见力，或许有助于我们对自己生命的再创造。

教育就存在于生命之中，我们大凡可以从生命中听出、看到或者描摹出教育的某种形象、态度和形式，同时我们也是从自己的生命中印证、参照、校正这些所谓的教育的。比这更困难的是，生命从来就依存于具体的时代，生命又总是个体的、动态的，教育也因此而变得灵动不居，复杂异常，所以任何简单、呆滞的言说总是容易被引入歧途，任何"深信"也总会惹上麻烦。教育中的爱既是质朴的，发自人的本心；又是被激发出的，明察秋毫、深思熟虑的。教师在从事这样责任重大的工作时，既需要原初的端正，更需要用心的、持续刻意地使自己"变得"更有这样的爱的智慧。

同时，我们始终还必须清醒地意识到这样的自我提升并非在真空或比较纯净、"最适合教育"的状态中进行的。可以肯定的是，教师也需要成长，教师的成长总是更困难。教师既是引领者，他所有的行为势必要特别谨慎、自觉才行；另一方面，无论我们怎么自觉，也都难以使我们变得更有自知，更善于自变，而不断添加的各种复杂的压力，只会使教育工作变得更为麻烦，更难见成效。所以，很多时候，我们说到教育，会马上想到教育是难的，教育是一种麻烦，无力，无用，甚至教育本身就是反教育。

说教育是慢的艺术，已经饱含了对教育的信赖与祝福。但是，就是这样"消极的积极"，其实也难以在喧嚣的时代，引起更多人对教育审慎的思考。在持续的匮乏和独断论盛行的时代结束之后，人们会普遍丧失从容与耐心，这几乎是社会发展的规律。今天我们能够做的最为重要的，往往就是最为简单的工作：从头开始学习常识，传播常识，践行常识，一点一滴地使自己变得正常一点，让我们从饥饿、恐惧、贫乏、仇恨中渐渐挣脱出来，变得更有理解力、更有包容精神，也更从容一点、耐心一点，想来已经善莫大焉了。

在教师的职业本分中，思考力一定会被放在至为重要的位置。我们生于"这个时代"，我们从事着帮助一个个生命变得更为美好的工作，思考却往往使我们无法快乐。这个神圣的职业，充满了无数难以通融、穿越的悖论。也可能，解脱与超越总是更了不起的。我们不妨就用意于使自己更丰富、更开阔一些吧，一望无际的光辉意味着什么呢：赞赏性的工作，专注的体验引起的忘怀，人生在忙碌和惊讶中过去了。

不过，很多时候我会从对某一件事或某一状态的思考中，突然领悟到自己的不安全感。有趣的是，这样的不安全感在我身上并不是持续存在的。因此我并不长陷于惊慌与紧张之中。即使这样，我仍然知道自己的麻烦所在。我一定受过很多的刺激，有过令人沮丧的童年，我从阴影中走到光亮之下，我生命的底色是灰暗的。

"改变"是一个消极的词，当不适应、不顺利、不自然时，这个词就出现了。如果说到教育，更恰当的词应该是"保持"和"复归"。我以一种天真的想象力，去想象人性中有一种最好的东西原先在人身上是存在的，只有这样说时，那两个词才显得格外有价值。由此持续推导下去，我紧接着要说的就是在教育中总是包含着无条件的爱，这是教育的依据和原动力。它不是注入和强加的，它是一种在自我发现基础上的用心培植。它植根于信仰，并成为其中最有活力的一部分——很多时候，我不会急于找寻任何的辩护词，对自己的生活，任何的辩护又有什么意义？我更愿意用一种嘲讽的眼光来看待自己，也愿意始终生活在自责之中。说起来，有些领悟也是早就出现了，自责不是一种情绪，而是，我知道自己的问题所在。

我大概是诗人聂鲁达晚年诗歌中写到的"总是自己"的自己，无论出发与回溯，最后一定是回到"自己"。我所有的力量都与这样的专注有关，所有的歧途与局限也始于这里。我无法摆脱的困扰中，有一条是这样表达的：我一直是"晚年中国"的病人。这个晚年中国越来越多地让我产生末日感，末日不是突然到来的。末日不是"人皆有死"，而是没有出生的人也死了。所有的记忆、眷恋、想象同样毫无例外地突然湮灭了。正像一位极端的思想家所说的那样，今天"不应该死的人是很少的"，"但他们却死了"，而"大多数人"仍活着。这既是事实，也是末日化生活中一种普遍的景象。

在大多数情况下，我的词典里从未出现过"应该这样"之类的说辞，我也真不知道自己所受的是什么样的言语训练，我最为热衷的工作始终就是"自我偏离"，最直观的理解就是我更愿意始终保持对自己的怀疑，我在自己的内心居无定所。

当夜晚到来时，思想者的乐趣不过是窗户、灯光、练习写字的本子。看着自己的字迹，我常常会怀疑自己白天所承担或者以某种方式承诺的责任，我不大可能把自己想象成这个时代的"先到者"，当然我也并没有任何理由与可能"晚到"。有时，我明白一些事实，一些不可改变性，它就是"只能这样"，这不是一个陷阱，这里更像适合我们睡眠的地方。我即使说知识是无用之用，我都已经对知识做了夸大。

这些矛盾根植于可怕的心灵。翻来覆去的态度使常识也变得不可靠。当你试图驳斥这样的言辞所造成的虚无感时，很容易被激怒，因为这里所呈现的只是幻象，而不是事实。价值当然隐藏在无数的事实之中，但你已明白，所有的寻找都是徒劳的，这是一个只会引人陷于歧途的时代，这个时代未来比过去死得更早也更难堪。

我必须是怯懦的——我常体验到生命这样丧失勇气的存在感。

二

这个国家最有天分、最具革命性的思想者为传播常识以身犯险，以至于完全被噤声。这又成为一种对生活的简单认知。他们的敌人却已蜕变为毫无面目的利益共同体。也只有在利益之中，谎言不断地自圆其说，并获得一种更有效地钳制思想的利器。今天我们所有的恐惧不是首先源于此吗？我们甚至在越来越甚的恐惧中，内心也变为腐败、晦暗，找不到生命因为对远方的瞭望而理应得到的光明。一个民族往往会因为现实无限堆积的窘迫而使历史上无数的先人都不得安宁，他们仿佛也成了负债人。于是我们生命中也有了越来越多的空洞，既被历史抛弃，又带着历史的原罪进入其实毫无希望的新生活。

当我明确表达一种沮丧时，我心中是有过缅想的。不复存在，丧失，出现意外，不能如期而至，悖谬，类似的体验转化为散乱的思想的结晶体，时间久了，你又会说这又有何益呢，在何处曾经确证过碎片般生存的价值？你说到理解时，就是理解吗？如果我们把自己的视线从时代、从人类，逐渐收回到自己，这样的理解力既是可以"理解"的，又是一种失败的标志。那些最优异的思想者想必也是极度自恋的。他们最终总是以自己来构造对世界的想象。可惜，在今天，几乎找不到有如此生命强度的人。也只有那些极罕有的人，能够耐心地为真理而活。剩下的问题就是，他是一个难以被发现与接纳的，一个异乎寻常的存在。

一个不像是麻烦的麻烦，今天我们无须任何的说辞就足以把自己放置在为所欲为的状态，这又是一个好的时代，只有不断更好的时代。因为众所周知的理由就是匮乏、恐惧必然导致创造力的丧失，当创造力丧失成为普遍现实时，我们就无需为创造力承担任何的责任，放任自己，半睡眠状态被描绘成了某种相互模仿的时代性的精神特质。"很脏，很乱，很快活"，"唯一的罪恶就是不能过得比原来更好"。任何浅薄的谎语都能派上大的用场。我们的教育就开始于这样严酷又有效的训练。

有时，离奇的矛盾几乎要压垮了一个人，那是一个倾听先哲声音又注视着自己脚下的人。他也是一个未完成的人，一个半成品。首先他对自己的"成人"，就抱着最大的怀疑。这种怀疑引发了对生命和文化的虚无感，这一点也无可指责，因为它就是一种普遍状态。"不寄希望于过去，更不寄希望于未来"，这样的"现实感"会使人蜕变为一个"活物"，最强大的力量都用来去感受和"生成"现实，依势而活，活得不三不四，因为生命中早就失去了真气。由此，你也可以明白，我们多么容易服从了现实的残暴统治，从个人的有限性和无力感中得出现实的不可改变性。所有极端的统治，都渴望着时间的胜利，时间摧毁了耐心和激情，时间宰制了所有的想象力。

因此，在所谓的"渴望"中，有一种不为人知的荒谬，"渴望"免不了倒向虚无。时间太强大了，时常它总能用最快捷的方式扑向你，使渴望变成了无望，变成了零散，变成了"原来如此"。

而我信赖的思想者哈扎拉尔，由此而感慨地说："绝望之为绝望，是在于它的停止状态。在那里仿佛一切都到头了。"生活中需要有一种回转的艺术，"真正的绝望是对生活的绝望，你有时会滥用了对思想的信赖"。哈扎拉尔不关心谁能活得太久、谁最终能够得胜，"所谓的伟大，其实就是进入绝望又能够从绝望中逃脱的艺术。""所有极端的思想家都不可能活在世俗的荣耀中，思想的纯度正好与生活的欢愉度成反比。"哈扎拉尔说自己不想成为教诲者，尽管这是巨大的诱惑，他对自己的描绘是愿意在于世无补中"自成一格"，"这一格"大概也包含了对肉体欢愉的某种敬意。

哈扎拉尔还有另外一个见解是他愿意反复阐述的。"一个人最难的是如何穿过自己内心的黑暗，这样的黑暗之丰富、庞大、坚硬都是难以想象的。人所有的命运感、奇怪的挫折、离奇的体验以及生活中所有的丧失都会凝聚成生命中最奇妙同时也可能是难以化解的心灵的障碍。人的任何反常反应都可以在此找到因由。"我前文谈到的"自见力"，我一定说得太轻易了一些，其实人才是自己最大的蒙昧和歧途。人是自己的反面，人必须有引导者，大多数人会把这个引导者概括为：宗教和大自然。

三

这些都是多么灰暗的词汇：沮丧、懒散、冷漠——现在我探究的不是这些词如何成为这个时代的某种精神写照。如果我思考，就会有深深的纠结和疼痛感，我用一种还原的方式审视自己的状态，我发现自己不可避免地成为一个伪善者。

这里说的已经是一种过去时，尽管一切远没有终结。伪善谋取的首先就是某种安全和平静的生活，其实更让人惧怕的状况是，这是根本无从选择的必然，看看我们的学校，看看从头开始的被宰制的生活，所有精心的算计都转化成了细密的控制与规训。我们甚至越来越丧失精神的被侵犯感，精神的沦落同时导致活力的消失，可控制、可操纵、可役使，目光逐渐转入所谓的个人私生活领域，一个人一旦脱离对社会的关怀，以及由自身命运而引发的对人的普遍命运的忧思，人就穿上了坚硬的与世隔绝的铠甲，人成了一件消费品，一种"无害"的草本植物，一个无个人性的活物——同时，与之相伴的是更严重的社会危机，一个精神麻木的社会，腐败、堕落定会日趋严重。那么，反过来，一切又成为每一个人的危机。

我们普遍深切地经历与承受着这一切，同时更加顺从地理解自己生存的处境。伪善已经不是什么罪过，所有的屈辱似乎都能获得某些补偿。权力为巩固自己的利益而疲于奔命，所谓的主流与正统逐渐成为谎言的代名词。据说上海世博丹麦馆的墙上写着：我们不祈祷，因为我们彼此信任。我们要写下的则应该是：我们不祈祷，因为我们谁都不相信。在社会秩序与人和人彼此关系中，不相信成为首要的考量。一方面，权力制造和利用了不信任，同时权力也从不信任中开始坍塌，它必须不断加大各种维持、防范、修补所必须付出的代价。而透过这些表象，我们则看到这一切实际上是一种恶的循环，一种崩溃的日渐加剧，谁也无法预见它的未来。恐惧和冷漠成为隐藏在日常生活背后的关键词。

我所体验到的不就是来自自身与这个时代的呆滞吗？我们一心生活在这样的时代，既是守夜人又只适于这样无尽之夜。我仍想在说出感谢的同时，继续自己没有任何意义的缅想。

曾有位朋友问我："当你写不出文字时，你会怎么办？"他关心的大概是像我这样沉思默想的人一定要找一些文字的事来做。其实沉思默想才是我最大的事，所有这样的工作都只是一种习惯。现在我已经做得不大好了，我说的太多的话已经漫延开了，我也时常受这样的生活支配，仿佛把自己交给一个我畏惧的对话者，我对他一无所知，同时又在空气里寻找他所给我的启示。我正受到他的一些恩惠。

我越是无法清晰地把握自己所喜爱的事物，越是要持续地思考这个可能的存在，去经历聚精会神后的疲倦，感受生命日渐衰老带来的茫然和失落。一个人的幸福完全来自他自身，他对幸福的期待，他服从事物内在原则的能力，他能够使自己变得毫不犹豫，服服帖帖，他的坚定、明确与宽广。

我发现自己一直置身于失败与无所归依的循环之中，在微小的事物中我可以体验它的诗意，却无法使自己建立某种信任，我太在意与生俱来的沉重了。每个时代，人们想到自己所过的日子，表情都会有点虚张声势。

让我们一起做"好学校"之梦

　　我一直做着"好学校"之梦，我也知道这样的梦是很难有寄托的，但仍是笨拙地生活在自己的梦想里，大概有梦总是一件好事。

　　寻梦之路使我和石梅小学相遇，不是说我从这里看到了梦想中的天光与景致，也很难说一所有点美得让人惊讶的校园就是我曾经想见而又无法确知的，至少，很多相遇实在是我们一直的等待。走进石梅小学，迎面而来的如家一般的感觉，令我伫足、聆听、观看、思虑，目之所及，心之所念，我竟有了对更好的教育更多的一点点相信。

　　所谓的相信大概就是愿意、坚守、行动、想象、承受、接纳、等待，等等。由此，同样可以说，心中仍有着"相信"的人，总是希望不断地去放大这些相信——一所学校如果始终激荡着这样的热情，一定就会有耐心把爱和真善美作为重担与学业放在肩上，"那么将来继我们而来的人们会看到一点小小的进步与减轻，这就够好了"（里尔克语）。

　　现在，与其说我推荐的是一所学校，不如说，我更愿意和你一起通过对这样一所学校不断地审视，更沉静、更忍耐、更坦白地去回答教育和我们生命中每天遇到的难题。在一个生硬、粗陋的世界里，我们必须在痛苦中学习，也需要学会等待和自我激励。

想到对语言的一点点自觉

　　周末原是可以睡懒觉的，不料却醒得特别早，我想到钱理群先生说他每天都早早醒来要在床上想一个小时的大问题，我的朋友中许大侠锡良君也是惯于想大问题的，直来直去都是宏论，而子虚君则善于做"微观文化研究"，其实说白了也是喜欢把小问题说到大处去的，他们都是理论家。早上醒过来真要我想些大问题，则几乎无从想起，因为不要说刚醒过来，就是大白天、大黑夜我也是很少想这些问题的。躺在被子里，我更乐于首先回味一下夜里都做了什么梦，那完全是一件"力所不能及的事情"，因为所有的梦几乎都是一个意外，而我又是一闭眼睛就开始做梦的人，如果没有过于沉重的日常工作的压迫，我向来愿意享受自己的清静无为、子虚乌有。

　　去年和前年都到过离福建不远的一个省讲课，那些讲课的地点都出过一些人物，东道主对我说，正好有空你就去看看某某某的故居吧。对这样的邀请，我一向是拒绝的，他们不知道我某些"核心价值观"或者精神的洁癖。中午和女儿吃饭时，也聊到这个话题：你到奥地利会想到看某某某故居吗？当然奥地利也不会有这个人的故居，不可能会有人以之为荣。我们的情形不是这样。有的人不知事实，有的人不顾事实，有的人完全大脑坏死，你当然用不着太上心、生气，我总相信时间会有评判，不评判也不要紧，我自己给它作评判，不是要发出什么声音，只不过固守一个人的逻辑而已。有时候我会在小团体、小空间啰唆几句，也全不是为了表白什么，某些不变的态度时间久了，自然也会显得比较彻底一些。

　　那天参加城里那位大师嫁女儿的喜宴，正好与"文学、艺术、出版界"的熟人坐一块儿。有位诗人老友说，我们现在要一起把福州"搞成一个诗歌城"，

"要不然福州还有什么特色？就是诗歌了"。第一次听到这样的话题颇为吃惊，真有想象力。这位"诗兄"又说，昨晚我们的诗歌朗诵会就把副市长也邀来了，有这副市长事情就好办了。哈，很多时候，我还是有信心、有耐心聆听的。从小父亲就教育我，"听多少就多少，人家不说的，你也不要问"。

我喜欢在自己的文字里把杜十八写来写去，和他相识的时间很久了，自然有话可说。有些不知道的，我往往也很少问，时间一长总会从这个人这里听一点，从那个人那里听一点，逐渐会"生成"一个更丰富的人。当然我首先乐于读他写的东西，至于其他，我完全是顺其自然，对其他朋友不也是这样？你并不是因为了解一个人才与之交往，而是因为喜爱他才愿意更了解他。今天我对杜十八想的问题是，如果杜十八确实被公认为文学天才，我说的是历史和后人的承认，这不关我们的事。后人也许同样会对一个问题感兴趣，就是杜十八的同代人和他的朋友是怎样看他的。不是为历史负责而形成的某种虚荣心，我是由历史上很多杰出人物并不为自己周围的人、同时代的人所认知引发出的遐想。任何一个文学天才在寂寂无闻时，你要"认识"他，需要的勇气和智慧想必都是巨大的，夸张点可以说只有相配称的心灵才可能有真正的慧眼。显然，今天我只想拿杜十八说说事，也一搏他的开心。不能深究啊，一深究我的文字就成了一种可耻的自夸。

上一周我工作的机构——我刻意不写它的名称，也不用"单位"这个"通俗"的说法——年终考评，我也作了述职。这下我就没办法用另外的词代替"考评"、"述职"了。"参加述职的同志共有14位"，这是领导的原话，在这个机构里我们时常被称为"同志"，去年夏天领导要我作家庭教育的讲座，介绍我时也用了"张文质同志"这一光荣的称呼。在讲座开始前我说希望不要称呼我为"同志"，我也不是你的"同志"，你若觉得叫"先生"或"老师"也不合适，就直呼我名字好了。

今天早上我醒过来，回忆了一下昨晚做的梦，紧跟着想到的就是要是我们还活在那些"词汇"中，一整套你静下心想想会感到极其吃惊的由真理部创造的"独特"词汇，我们的世界就还没有太大的改变。词语的改变才是最难的。我有空时就多想想吧，想过之后，也许就有可能首先把这些"词汇"从自己日常的表达与思维中一点一滴地剔除出去。

就当自己仍是一个王

阅读既是愉悦的，又是令人不安的。这类话也是老生常谈。不过我确实发现读得越多，越不敢轻易动笔，对任何的判断更是心存疑虑。刚确定要写0—3岁儿童的家庭教育一书时，我颇有几分的信心，但随着研究的深入，我真有点不能说话了。因为我能说的，可能别人都说了，我要做"独断的创发"，则实在信心不足。我不是一个可靠的研究者，也不习惯于往自己的文章中搬太多别人的东西，于是常常就会成为一个撰写类似格言文字的散逸写手，我的研究尚未建立起相互通达的脚手架。

从生活的直接感受而言，我大体是对这样的写作不大抱什么决心的。有时就希望自己是一个匠人，每天做着体力活，比如钉钉子的工人，从早到晚就钉钉子，没完没了地就做一件事。当然这也是一种比喻。美国前总统克林顿在白宫系列迎接新年的活动中，有一次是诗歌专场，他自嘲年轻时想做个诗人，后来发现写诗太难，只好找了一个不太需要这么高智力的工作，就做了总统。

我想说的话总是要东拉西扯之后才有可能更明确些。首先我要承认，在某些写作方面，我所欠缺的不是耐心，而是人们常常会说到的智力与能力。好了，我直说了，我常常发现自己的智力不行，其实并不是靠勤能补拙能补得上的。不行就是不行，大凡你读自己所写的几句文字就行了。于是只好退而求其次，不行我还要坚持，我可以从坚持的姿态中受益，我把姿态当成了信念。

很多时候不就是这样？也只能这样了，似乎这是并不太坏的课业。只是我扪心自问一下，很清楚的是，写作就是创造一种溃败，一种游戏，更多的时候就是时间和智力的垃圾。

好多年前，我就时刻铭记"敬惜字纸"和"谨言慎行"之类的叮嘱，但还是免不了做不到这些。我也知道就智力的遗传和文化培育而言，我们这些世代的人，大体就是用来浪费的，只不过这类的判断也没意义，我们还得活着，还得说话，还得写字，那就当自己仍是一个王好了。

笨下去，笨下去

电影导演李安说，他没什么爱好，"就像一袋土豆"。这个比喻很新奇，不知在英语中有什么隐喻，或者有什么源头。我先不去管它，记下就是了。时常我也会被一些朋友问及有什么爱好，这样的问题都令我汗颜，我有时会厚着脸皮说：发呆算不算爱好？大概是不能算。东张西望，大概也不行。那位曾当过教育局长的朋友就嘲讽过我，你这样不抽烟，不爱喝酒，不会唱歌，不会跳舞，活着有什么意思？简直就是咒我应该早点死，"杀死自己，留出一块空地"。这几年，我最关心的就是能不能早点退休，已向人秘科科长和领导反映过好几次了，领导说，张文质，你想要早点退休，我告诉你，没门！有个同事今年一年请了170多天的假，他有医院证明是"轻度精神病"，人秘科科长问她在人事厅工作的朋友，怎么才算"轻度精神病"，人事厅的那位先生说，不想上班就是轻度精神病。人秘科科长介绍完，大家都笑了。我们说我们都已经得病了。

前年到澳大利亚，经香港中转，晚上在酒店我特地上网谷歌一下，看看那些敏感词背后都是什么。到了澳大利亚，住在朋友家时，上网方便，也是到处谷歌。朋友笑我把"垃圾气息"带到了美丽的国家。我想也是，那么多好风景不去欣赏，怎么一天到晚惦念着那些事呢！

一个人知道那么多干吗？"知道"想来就有麻烦，这已经是一个共识。还是像个土豆更好。昨天领导还交代，你的刊物只能"帮忙不添乱"。他刚到我所在的机构担任领导时，就告诉我，某某某前几年专门来这个大楼问过你的情况。这些事我当然也知道，开始传出风声时，还以为是谁故意编出来吓我的。他的话佐证了某个事实。也不知"风声"过去了没有。有时会想象一下，某个可能。

也只愿意想象。

今天看凤凰卫视的《锵锵三人行》，学到一个词"笨下去"，"笨下去"。我们学校的教育是比较典型的多管齐下地使人笨下去，这怪不得学校，学校是"笨下去"的一个组成部分，我们人人都免不了要笨下去。

想象教育 [1]

有时候我把自己称为"乐观的悲观主义者"。

这是充满矛盾又多少有点意味的自我揶揄，一次讲座时偶然的灵感。

有时我也不知道如何才能恰当地描述自己。记得在写作《唇舌的授权》之前，我是很少回味个人的教育事件的，我想的是另外的问题，大的主题，我时常会被一些"大词"所吸引。也许正是诺扎若夫使我回到了教育的细节上，回到"谁教育了我"、"怎样教育我"、"后来又发生了什么"以及"我正看到什么"这样的缅想与注视。当然，还有很多合力，它们一起使我成为观察者、记录者和思考者。我时时感到我的生命就在教育里面，教育构成了我生命中微妙、生动、有活力的一部分，我的生活渐渐地变成了今天这个样子。不管是否愿意，我微薄的诗名现在只能从边缘化的教育写作中依稀留下一些余响。

我逐渐减少了兴致勃然的对诗歌系统、持续的阅读，也远离了对它当代性的关注。更多的教育学者走进我的视线，他们作为学者的积累和技术，专业的耐心，都给予我启迪。然而，我也想粗略地说，我无意于加入这样的一个团队，我生活于"教育学术"的边缘，我更习惯的是对混合着汗水和泥土气息的田野上生命由衷的眷注，我是众多先天营养不良、现在仍在挣扎着生长的庄稼的一员，我知道自己更应该做什么。就如爱默生曾经很奇怪地说过的那样："龟的全部思想是龟。"

我们相信教育，是因为确信人类只能通过教育而走向更美好的未来，教育经常关乎一个人的命运，教育不能承诺给人幸福，但确实可以承诺使人更有能

---

[1] 本文曾收入《幻想之眼》（华东师范大学出版社 2006 年 12 月）。

力去追求幸福。美好的教育创造的奇迹是，事实上有更多的人因为教育而获得了生命中最重要的一切。

教育意味着自由和觉悟，意味着丰富和灵动，意味着，也许仅仅意味着每一个人的解放，我想找一个比较重要的"大词"来说明我对教育的理解。我和自己讨价还价，努力说服自己去选择我已经领悟的判断。我的生命每天都在上课——谁如果有助于教育，谁就理应得到，或许谁就能够挽留更多上帝馈赠的美。现在，我想象着，站在个人的立场，说些轻松、美好，又让自己有点意外的话。

有一天，我和两位教师坐在厦门曾厝垵小学附近的海边草地上，我把自己最近写的一篇随笔大声读出来，我发现在充足的阳光和湿润的空气中，我的声音变得很空阔。

我思考过的一切，便停留我的思考之中。

写完之后就睡觉

昨天有个朋友给我发短信说，他晚上做梦我被某种力量所"布控"了，让他从梦中惊醒。我当然首先要感谢这份情谊，已经不是第一次有朋友"替"我做这样的梦了。

有时会写一些眼看着就要表达出某种"危险"的文字，同样会有朋友用各种方式提醒——哈，你别忘了你是谁，别忘了你脚下的土地。

我变得更怯懦更缩手缩脚，也更熟谙生存之道吗？有次一位退休的老先生问我的同事，张文质现在有什么变化？那位现在也已退休的大姐回答得比较有意思："最大的变化是在单位不说什么了。"

那么在哪里说呢？网络也不见得是合适的地方吧，尽管很多时候网络会让人产生某种有些美妙的错觉。

那么我还是写诗吧。诗是难以被"和谐"的，因为"和谐者"还没有这样的智力。晚上读到美国诗人肯·雷克斯罗思的《摩利支子的情诗》，它很不得了的直接与热情。一组短诗，共有六十首，写的都是爱情，比如：

> 你问我
> 我们成为恋人前我在想什么。
> 答案很简单。
> 遇你之前
> 我无事可想。

挑一首更让人心动的：

> 我坐在书桌旁。
> 给你写什么呢？

爱让我憔悴，

我渴望见到活生生的你。

我只能写，

"我爱你！我爱你！我爱你！"

爱切碎了我的心，

撕碎了我的脏腑。

思念的痉挛令我窒息，

永无休止！

再挑一首，中国人一定不会这样写的诗：

你唤醒我，

手分开我的大腿，吻我。

我给你世界初晨的

雨露。

阅读常常会使我产生仿写的冲动，据说雷氏这些诗就是对日本女诗人谢野晶子的模仿，所以有日诗的韵味在里面，那么我如果模仿就是一种对模仿者的模仿，说不定，源头又可追溯到大陆这一边呢。可以这样想，至少这是一件清洁的事情，写完之后就接着睡觉了：

一

我愿意直率得像沙子

毫不掩饰地说出

对你的爱

我愿以你的海作证

哪怕它虚妄而不可轻信

二

夜晚你因为炽热的情意

而失眠，这个失眠延续到

白昼，你开始为

夜迟迟未至而伤神

三

你喜爱我叫你

只属于我一个人的名

每一次叫时，

爱都变得

好像突然中了邪

四

你请求亲吻王子的脸颊

整个夜晚睡眠时

两脚都很冷

幸福分不同时段

降临一条街上

不为补偿单调的工作，

不是证明一整天犯下什么错

我让笨拙的影子在屋檐下

起起落落，一生的义务

也就为了你多爱一次

五

我看着那些植物已无处可去

花若灿烂，我们就相拥而眠

花若落在纸上，我就

辨认自己的字迹

我饮酒后从村庄飞过

六

空气中有单相思气息

雪的气息，你身体的气息

你说喜爱的人

会把爱含在嘴里

七

一次，只有一次，

我用你的声音不停地喊叫

没有人允许我

在虚无中入睡

没有人听见爱有多孤单

教育的十字路口 ◈ ◈ ◇ ◈ 写给未来的记忆

写给未来的记忆 39 则

忏　悔

"吴子非"是我给他起的笔名。他是一位小学校长，一所只有 100 多个学生的小学，他每周教四个年级七个学科的 18 节课。我们只见过一面，通过几次电话，但这件事我听他讲了三次：

那时，我师范刚毕业没多久，是在一所省级农村示范小学任教。这天，学区检查卫生，学区校长从楼下走过时，二楼我班上一个女孩子随手扔出的纸团正好掉在校长头上。一会儿，校长冲了上来，大冬天，他的皮鞋就踩在女孩子穿塑料鞋的脚面上，另一只脚还悬了起来。我就站在边上，我真想冲上去制止，可我太怯懦了，我什么都没做……

下了一场雪，真不容易

2002 年末，福建省大部分地区下了一场雪，这大概是 20 年来的第一场雪，那天很多教师特地给我挂电话：张老师，下雪了。后来我主编的刊物陆续收到了教师们的稿件：好不容易下了一场雪，孩子们兴奋得手舞足蹈，我就不上课了，让孩子们一起欣赏这难得的雪景，然后，写一篇作文:《雪》。

一定要有一篇作文，要不然这场雪就下得很空虚了？

我发现

晚上，女儿吃饭时说，中午在学校，"托管"的铃声响了，她和三个同学还在说话，让"托管"教师罚站了一个半小时，下午上课时腰和腿部都酸痛。整个晚上我处于愤怒之中，但我发现，我也和大多数遇到此类事情的家长一样，对要不要与该教师理论一番心存犹豫。

不时感到震惊

从1997年开始，我常常在各类教育集会上，开讲有关教育中人文精神的话题。每次讲课我都会留一些时间请听讲者提问题参与讨论。有时会收到教师这样的字条：你的讲座似乎首先要让我们的教育局长以及相关的领导听一听，否则，我们这些砧板上的肉也只能对学生"不再宽容"！

"张文质到哪里去了？"

2002年末，福州市小学期末统考，各校如临大敌，一时间黑云压城，教师们不堪重负，有位教师上网呼吁："张文质到哪里去了？"直到2003年5月一次偶入该网，我才看到这位女教师的喊叫，心里不免一阵愧疚。实际上，其时，我也与这位女教师一样受苦，读小学六年级的女儿，每天都被各种据说非常"理直气壮"的作业压得喘息不止，每夜都要女儿收了我才能调整心态做自己的事。这几年，倡导人文精神，其实"精神之花"脆弱无比，有时它还会死得很难看。

为什么没有再出陶行知

某日上网，看到某位教师批评另一位教师：其实，不应该抱怨，就是再黑暗的年代，也有陶行知和晓庄学校。这话当然说得很庄严，让人不好再说什么。不过，我倒是有一个问题，不知这位网友想过没有，我们凭什么一口断定陶行知的年代是黑暗得不能再黑的年代，陶行知自由与创造的空间就一定稀少得更甚于我们今天？说真的，我们对历史存在相当多因为日积月累的误导而形成的"自以为是"的盲点。这么多年了，没有再出陶行知和晓庄学校，不是因为智力因素、志向问题，不是因为我们整天都忙着抱怨，陶行知不二出，哪里是能够轻易说的？

有没有勇气正视过去

最近不少教师来信说及当地小学恢复统考，更有甚者，有些县区还明文规定要以期末班级总分排名作为教师工作量考核的依据。这使我想起美国哲学家桑塔亚纳的一句名言："谁要是没有能力，用眼睛去审视他的过去，那么就注定了要不断地重复过去。"正像有学者所言，现在谁也不能不喊素质教育、新课程，但谁都不能不正视应试教育，这是制度性的"情势"使然。有时我们需要去贴一些新标签，有时又忙着用一种令人目眩的方式制造新气氛，但是从根本上说，我们还没有勇气正视教育的问题，没有勇气在制度建设和教育投入上真正地有所作为，教育也就免不了"不断地重复过去"。

写给孩子的祈祷文

2003 年 3 月的某一天，我参照美国教育家博耶教育讲演录中提到的玛丽安·赖特·埃德尔曼的祈祷文仿写了一篇：

主啊，我们为那些迷迷糊糊来到学校、贪玩、喜欢恶作剧、不知道 1 加 2 等于多少、经常受到斥责与体罚的孩子祈祷。我们也为不能控制自己、无法完成作业、在上课时想念着外面的世界、集合时不知怎么列队的孩子祈祷。主啊，我们为在教室里沉默无语、从未被提问、从未得到奖赏、永远坐在后排的孩子祈祷。我们也为大白天做噩梦、无人抚爱、时常饿肚子、没有零花钱、没有伙伴、没有学具、随时会失学的孩子祈祷。我们祈祷孩子们都得到足够的爱，我们更要祈祷所有的孩子都能够快乐地成长。

仍在惯性之中

也许我们都能感受到这个时代的变化。回到教育，你同样可以说，旧模式虽然顽固，但权力管制的"总发条已经松了"。不过就生活的具体细节而言，管束仍然是非常可怕的，因为靠着惯性和惰性，旧体制仍然能够继续运转，它仍然是"合法"的，它赖以运转的基本条件：恐惧和谎言，仍可以大行其道。因此，变革仍然要从起点做起，仍然路途漫漫令人害怕自己太早老去。

最好的学校建在哪里

我一直认为中国教育确实是一种特殊的"地方病"，哪帖药都难治好，如果只能提供"某一帖"药，这帖"药"在治病的同时一定会导致其他病的发作。这也是近 20 年来各种疾病此起彼伏的症结所在。但优质教育严重稀缺却是大家的共识。教育部原副部长韦钰院士曾说过教育部所有的干部都在为子女和亲戚择校，你怎么要求其他人不为子女和亲戚择校呢？我还可以顺着韦钰女士的话再说一句，其实中国所有的干部以及其他有钱有关系的人都在为子女和亲戚择校，更值得注意的是，中国几乎所有优秀教师都在所谓的重点学校里，而这些重点学校也几乎都建在离各级权力机关或他们的宿舍最近的地方。

要让沉默者不再沉默

近年来教育学者朱永新先生倡导教师的教育写作，"要让沉默者不再沉默"，此言甚是。不过，真正要想让沉默者不再沉默还需要有足够的通道，教师和其他社会成员一样需要自己的言论空间，一样明白自由和尊严的可贵，一样地期待着从自己的工作中获得更多的满足感和成就感，然而，正如美国教育家古德莱德所说的那样，只有健康的国家，才有健康的学校。我要继续引申：只有健康的国家，才有健康的教师生活，只有健康的生活，才可能有真正健康的心灵世界。也许，就现实状态而言，沉默者只能继续沉默，而且要在沉默中继续日复一日地承受着各种伤害。

权力取向

近年来不少学者论及中国基础教育的城市取向和精英取向，我以为谈到此处还不够。特别是城市取向，并不是城市中所有的学校都得到了特殊的扶持与关照，城市中贫困学校也多得是，当然，无一例外的是这些学校里的学生全都来自贫困家庭，甚至连同教师大部分也毫无权与势的背景。这样的价值取向不奇怪，正像一位社会学家说的那样，如果猎物不多，总是酋长先享用。

活着多好

哲学家以赛亚·柏林到了晚年，表现出对生命格外的眷念，确实，只有活着才能创造你渴望创造的，活着才能经历你未经历或仍想经历的，活着才可能看到苦难终于走到尽头，生命走进了另一重天，所以有位教育学者特别爱说：活着就有希望，活着就是希望。

当然，我想，说活着就好，也不是要宣扬什么活命哲学，生命中也真有走不下去的时候。但是，我仍然想说，无论何时，对生命的敬畏、珍惜仍是教育要做的第一件工作，也是至高无上、任何其他工作所无法替代的。近年来我倡导并努力实践的生命化教育首先就建基于对生命无限珍爱与吝惜之上，我深信这样的教育理念会得到越来越多的教师朋友的认同与接纳。

我们一直粗糙地活着，麻木地活着，有时候还是非常屈辱地活着，这样的生命仍值得活吗？我想说，当我们意识到生命的委曲与悲情时，我们仍然应该活下去，正因为生命的顽强、不绝望、不息地渴望着哪怕仅是一丝的光亮，所有的这一切都赋予了生命自身一层内在的光泽。我们活着，我们就有机会从苦难中挣脱。

不能期望教育像一首诗

某地对小学进行统一考试，一位女教师到进修学校查看自己班级的成绩，想不到竟考了个年级最后一名，她就从六楼走到七楼然后跳了下去，当即毙命。这是 2003 年夏天发生的一个悲惨事件。这些年来，我虽然一直做着教育研究，时常和教师们在一起，但我还是无法了解他们所承受的真实的压力，对他们的生活也知之甚少。比如有一天，要到一所乡村小学和教师座谈，我考虑到天气炎热，就和组织者说最好能找一间有空调的会议室，没想到这所学校所在的镇上，竟然就没一间这样的会议室，全镇 20 多所学校还没有一台空调。这个镇地处交通要道，在当地还算不上贫困。而在另一个城市，一所小学的领导告诉我，该校去年户头上的 300 多万元（多年积攒下来准备用来校舍改造的资金）全部被财政局收缴，而新的学年，有关部门又下达了筹集经费 160 万元的指标。这样对学校硬性规定"政治任务"，更是我闻所未闻。我知道我对中国教育各种情况所知不多，但我很清楚地意识到任何的盲目乐观都可能是有害的。很想把捷克前总统、著名作家哈维尔的一句名言"信仰民主的诗人必须让政治庙堂听到他的声音，却不该期望民主会演变成一首诗"改为"信仰教育的研究者必须让政治庙堂听到他的声音，却不该期望教育会演变成一首诗"，至少，现在还不能有这样的期望。

到底是谁使我们的孩子变得这么怯懦

李默默上了市里一所名牌中学办的私立初中学校，这所学校目前还没有自己独立的校园，就租借某中专学校的校舍。李默默上学两天后，晚上吃饭时，突然说了一句，学校里乱糟糟的，也不知道厕所在哪里，她的父母一听，真是大吃一惊，赶紧问：那你这两天都没上厕所吗？默默说：是这样的，班上其他同学也是，老师没说，我们都不敢问。顿时，默默的父母脸就黑下来了，默默平时挺活泼的，胆子也不小，可是在学校里怎么变得这样，而且，班上那么多同学也都这样，真有一种让人惊悚得汗不敢出的感觉！可是到底是谁使我们的孩子变得这么怯懦呢？

他山之石

本次基础教育课程改革的着力点实际上仍在于"灵魂深处闹革命"，各地面目繁多的教师培训、研修、"洗脑"活动可见一斑。观念的变革确实重要，故有"观念改变，行为改变；行为改变，命运改变"之说。但是中国的教育又实在是一种"地方病"，它的病因主要在于管理体制极其滞后，资金投入严重不足，所以开出的治疗药方往往治不到根子上。于是我们谈改革也往往喜欢向"思想"处谈，向虚处谈，结果就越说越玄虚，越谈越乌有化，所有的疑难杂症都未解除，成绩却早已罗列出一大堆，很快大家都忙着弹冠相庆了。近日读一小文，《俄罗斯如何规范中小学》，让我心生很多感慨。苏联解体之后，俄罗斯沦为三等大国，但是他们抓教育的实在、细致精神真令人心神往之。

附：每班不得多于 25 人
——俄罗斯如何规范中小学

[俄] 罗 斯

从 2003 年 9 月 1 日起，俄罗斯将实施新的教学规范，要改善教学条件，减轻学生负担。

俄罗斯普通初等和中等教育采用 11 年一贯制，1—4 年级为低年级，5—7 年级为中年级，8—11 年级为高年级。

教学时间别太长

童年是人生最美好的时代，不应过早剥夺儿童无忧无虑地游戏的乐趣。俄罗斯儿童入学年龄为 7 或 8 岁，具体由家长决定，但至少应在 9 月 1 日前达到 6 周岁零 6 个月，应由心理—医疗—教育咨询组确定儿童是否已做好入学准备。

入学对儿童来说是心理和体力上的极大转折，应逐渐适应。1 年级学生每周上学 5 日，课时都安排在上午，每课时不超过 35 分钟，每天不得超过 4 节课，第二节第三节课之间安排 40 分钟以上的课间休息。第一学季每日只安排 3 节课。对 1 年级学生不布置家庭作业，学习成绩不记分。在第三学季中间安排 1 周春假。

2 年级起，每课时 35 分钟，分班课、大课和个别辅导的时间，均计入学生最大课时负荷。低年级学生在 6 日制的情况下，最大负荷在 27 课时；在 5 日制的情况下，最大负荷为 25 课时。中年级学生负荷为 31～34 课时（6 日制）或 28～31 课时（5 日制），高年级分别 35～36 和 32～33 课时。

教学楼要低矮便利

为便于出入和疏散，市区新建教学楼不得高于三层，人口稠密地区不得高于四层，容纳学生的规模不得多于 1000 名，农村地区不得多于 500 名；原先建造的三层以上教学楼，四五层只许设置偶然使用的实验室等厅室。

教学楼一层设衣帽间，以班级为单位。低年级每班应有固定教室，中高年级教学进程根据班级教室和科目教室的体制安排，可在教学楼除地下室和半地下室之外的任何一层。每名学生在教室所占面积不得小于 2.5 平方米。化学、物理、生物和信息学一定要设实验室。

在教学楼附属建筑的一层设健身房，面积不得小于 9 米 ×18 米，高度不得低于 6 米。

礼堂能容纳在校学生的 60%，每个座位占地 0.65 平方米。

医务室面积不得小于 14 平方米，长度不得小于 7 米，以便测学生的视力和听力。

每层设男女卫生间各一个，便池各有隔间。每 30 名学生 1 个洗脸池，每 20 名女生 1 个便池，每 60 名男生 1 个小便池和两个大便池。

教学楼内的墙壁应光滑，可水洗，使用木地板或加保温层的地板砖。

教室要宽敞温暖

教室内最远的课桌同黑板的距离不得超过 8.6 米，学生从那里看 3 米长的黑板时，视角不得小于 35 度；最近的课桌同黑板的距离不得小于 2.4 米。课桌间通道应宽于 60 厘米，课桌同临街墙或走廊的距离不得小于 50 厘米，最后一排课桌同后墙距离不得小于 70 厘米。讲台同黑板的距离不得小于 100 厘米，黑板下缘离地应为 80 ～ 90 厘米。

教学场所的室温为：教室、讲堂、礼堂和实验室 18 ～ 20 摄氏度，教学工场 17 摄氏度，电脑教室 19 ～ 21 摄氏度，图书馆 17 ～ 21 摄氏度，健身房 15 ～ 17 摄氏度，健身房更衣室 19 ～ 23 摄氏度，医务室 21 ～ 23 摄氏度，课间休息室 16 ～ 18 摄氏度，门厅和衣帽间 16 ～ 19 摄氏度。

1 公里以上要开校车

在城市里，学生上学步行距离不得大于 500 米，学校同交通繁忙街道的距离不得小于 100 米，操场同教学楼的距离不得小于 25 米。

在农村，学校与学生住处距离不得超过 4 公里，学生上学乘车不得超过 30 分钟。对家庭与学校距离大于 1 公里的学生，村政府有责任提供校车，住处同校车站的距离不得超过 500 米。对住处离学校 15 公里以上或因恶劣天气无法每天到校的学生，学校应提供住宿。

饮食要营养卫生

学校应为学生安排一次热食（早餐），如果家长愿意，还可提供午餐。对全日制班级学生应提供早餐和午餐两次热食。

学生人数超过 100 名的学校应设学生食堂。

为保证饮食卫生和饮食平衡，校内饮食不得使用未经消毒或煮沸的散装奶、未经烹制加工的奶渣和酸奶油、易变质的肉冻和冷肠、无法加热消毒的饮料、有害健康的油炸食品，蘑菇因难以迅速大量鉴别毒副作用，故不得出现在学校食堂饭菜中。

课上课间要做操

为预防过度疲劳以及脊椎和视力受损，低年级上写作、阅读和数学课中间，应做短时间的体操和眼保健操。

全日制班级要安排午休。

为增加在校活动量，学生除按教学大纲上体育课外，每天要做早操，每课中间应在课桌旁做短时间的体操，课间安排体育活动，全日班每天安排 1 小时体育活动，学校应组织学生课外体育活动和比赛。

一只听课的狗

那时大学的管理要比现在松垮多了，我们甚至可以在宿舍一楼的走廊生炉子做饭。有一天就来了一只灰不溜秋、相貌丑陋的小狗，我们烧菜时，它目不转睛地注视着热气腾腾的铁锅，那样子真是说不尽的可怜，眼珠子简直要掉出来了。我们给它取名"珠珠"。珠珠从这个晚上开始，就一直住在我们楼道里。我们散步，它跟着，我们踢球，它在旁边看着，我们上课，它也来到了教室。这学期主要是大班课，都在阶梯教室，几乎每位老师第一次见到珠珠都给吓一跳，你想老师刚坐下来，一抬头就见正对面台阶上坐着一位双眼直溜溜的"新同学"，那是什么滋味！于是就吆喝着驱赶，可是转眼工夫珠珠却又坐在那里了，仍是目不转睛专注极了，老师也没办法只好继续讲下去。更神的是，学校里每次有人要来捕捉，珠珠总是事先得到消息似的，消失得无影无踪，直到风头过了才会重新露面，继续陪着我们散步、踢球、上课。就这样过了三个月，有一天珠珠突然失踪了，至今谁也不知道到底出了什么事。（听郑羽讲的教育故事）

"应试教育要从娃娃抓起"

一日，在办公室的大门口碰到以前工作单位的同事，问起孩子的情况，同事颇为感慨：因为是在教育研究机构工作，较早接受教育的新理念，对孩子格外关爱、尊重，没想到孩子上了初中，对学习的压力和规范竟颇不习惯，成绩自然也不理想。同事说，现在仔细想来，如果初中、高中仍是那么严酷地"选拔"、"淘汰"，要使孩子"适应"这样的机制，"应试教育还是要从娃娃抓起"。

突然想起，有一次在上海，和《教育参考》的主编吴国平先生在一个公园附近茶楼小叙，吴国平说：今天是星期天，我们可以观察一下公园和马路有没有游玩的中小学学生。没想到一个上午，我们真的就没有看到一个学生，吴国平告诉我他们都到各种补习学校去了，或者就是在家里做作业，孩子们的周末基本上都是这样度过的，教育新理念与现实之间的巨大反差几乎使人无所适从，最后我们作为家长选择的只能是不能让孩子输在任何一条"淘汰线"上。

自由与创造力对基础教育而言仍是遥不可及的奢谈。

"像农民一样辛苦"

女儿在读初一，在一所市里"名校"托名办的"民校"，送女儿到这里上学，自然要花更多的钱。原先听说学校的管理比较"松"，离家又是最近的，事情就因此定了下来，在家里对小孩也是这么说。没想到，刚上学没多久，有一次老师问大家你们为什么要选择"××"时，女儿脱口而出"离家近"，引起了正期待"光荣与梦想"的老师满脸的不愉快。现在一个学期过去了，我给女儿算一下，每天早上七点十分出门，傍晚四点半到家，扣除在路上的来回各十分钟，她至少每天在学校九个小时，而晚上的作业从四点半开始，至少也要做上四个小时，也就是说女儿每天 13～15 个小时是在上课和做作业中度过的。以前看过一篇旅居澳大利亚的作家写的文章，介绍在澳州的记者生涯，说是过得就"像农民一样辛苦"。每天，听女儿出门的声音，我还躺在床上，总有难以言说的负疚在心中。

假日期待症

一到星期五，我心情总是会变得愉快起来。不是想着自己可以休息了，而是女儿可以不上学了，至少有两天时间，她可以待在家里，哪怕仍要做没完没了的作业，但是我们毕竟都放松了许多，家又恢复了家的气氛。于是总是盼望着周末，盼望着放假，盼望着女儿快一点长大。

参　与

教育正在变革，但仍然要等待着教育变革，要参与教育的变革，不是我们有巨大的能量需要在教育中投射，而是教育需要动机比较高尚的参与者。卑下的动机，立竿见影的功利总是更有力量，教育却需要持久的关注与热情，虽然收效微薄，却能让人感觉到教育仍有希望。我们便要守着这些希望，我们是好教育的赞美者，是对教育中一切不幸的摒弃者，我们参与教育的变革，同时又感叹自己的势单力薄，但不自怨自艾，我们的生命便融入了人类进步的长河。

听完你的课……

这几年，四处开教育讲座也是我的一个工作。我讲改善师生关系，讲保卫童年，讲教师的成长，讲学校的奋斗目标等等，大多数都是在人文精神的理念之下，以自己的方式审视教育的种种问题。不少讲座还是引起了教师们的共鸣。时常，有教师听我讲座中间休息时就打电话给自己的孩子，希望能"对孩子好一点"。这使我感到欣慰，其实，我自己也在努力以自己所阐释的理念来对待孩子，"幼吾幼以及人之幼"，你所说的都应该是你自己首先要做到的。有一次，在福建省永春师范学校给泉州市的骨干教师讲课，一位女教师告诉我，她已听了六次我的讲座，这真让我吓了一跳，连忙问：你有没有听到我在重复自己？"重复倒是没有，有一些例子，我曾听过，这很正常。说实在的，我每次听完都挺激动的，回去对学生都会更好一点，只是，然后又慢慢地……"说到这里，她笑了起来。

屈服于重力

1998 年开始，我接手编辑《福建教育之窗》，倡导教师写教育随笔，摒弃伪论文，远离假大空，一时间有不少的积极呼应。2000 年《福建教育之窗》改刊《素质教育博览》(教师版)，和福建人民出版社联合出版，更是极力强调刊物的平民性、批判性，强调教育的人文情怀。这场"不引人注目"的变革，还是获得不少学者和广大教师的好评，刊物在"可能的限度"之内成为了教师"自由思想"的园地。加上我编的另一份也许更"前卫"一些的《明日教育论坛》，一些朋友对我颇有嘉评，比如肖川博士在他的著作里就夸张地赞扬我为编刊物的"天才"。"天才"之誉，我当然不敢当，我深知其实中国不乏编刊物的好手，哪里有缝隙，哪里就有自由的思想，哪里有宽容，哪里就有创造，编刊物之难，全在"平衡"的技巧，久而久之，锐气便全部消弭于"谋局布阵"与"自我保护"之中。其实，我也能感觉到自己身上日益积攒的暮气和得过且过的倦意。至少，我们是能够一眼就看穿自己的底细的。

减掉百分之一

《明日教育论坛》的领导时不时会对我耳提面命，我编的另一本改刊名为

《福建论坛》（社科教育版）后更是有多重的"把关"，一切无非都是为了增加刊物的"健康与稳重"，虽然刊物都以"生命化教育"和平民性自诩，也得到一些好评，但不时也会听到"中肯"的反馈，诸如，"变得有点沉闷"，"不再那么清新、锐利"之类，我知道热心的读者从刊物中看出少了什么，也许少掉的东西不会太多，就是百分之一吧，但正是这百分之一中蕴含着最多的活性、启迪人心的"不确定因素"，然而，你能说减少这百分之一毫无必要吗？

让我们看到真正的变化

有位中心小学的校长告诉我，他们学校一个学期会收到近 300 份各级各类检查、评比、整改、学习文件，一个学期就 100 个工作日，怎么改、怎么学也忙不过来。另一位中学校长则告诉我，一个月大大小小校长必须到场的会议至少也要有 20 场吧，"一把手"如果不到场也是"一票否决"。2004 年秋季，高中开始进入新课程，初中、小学则全部进入了"新课程"，与此相对应的，却是不少地区全面恢复了"理直气壮"的统考、成绩排队。教材确实是变了，不管变得好坏，这是最容易的，也是"各有关部门"最乐于"玉成"的，反正新课程带来了"新资源"。但是我们的管理体制、教育投入要变化实为不易，教育的不人道、僵化、使人恐惧的力量其实是每个学生、学生家长都能感受到的。乐观一点说，我们仍在期待之中。

有感于某网站调查教师对职业的态度

如果一个人从早到晚，都做着令他痛苦又不得不做的事情，这个人即使还有灵魂，他的灵魂也是患病的，甚至是可怖的。

还有什么比怀里揣着一瓶酒更为高尚

这几年，我写的《唇舌的授权》《片面之辞》等教育随笔集以及发表在教育刊物上的各种与教育有关的文字，得到了一些朋友的好评。我没有提出什么新的教育思想，也没什么创见，只不过以自己喜欢的自由、放肆，甚至多少有点生命真性情的方式说我"见所见、闻所闻、感所感"，林少敏先生把这种"语体"（如果能算"语体"的话）称为"唇舌体"。不少教师受之触动，从"论文"的范式中解放了出来，于是"唇舌体"渐有了一些声势。不过，因此也为某些

"高尚的人"所忌恨，毕竟，"唇舌体"自有自己的锋芒所在。《途中狗友及其他》这组文字在刊物上发出后，其中的《朋友连连》大概特别刺伤了若干人，他们质问"张文质居心何在"，好在这些事都是背着我进行的，要不然我还真回答不出来。我知道自己多少是个有立场有责任感的人，我只想说自己想说的。诗人帕拉为饮酒的人辩护，说"还有什么比怀里揣着一瓶酒更为高尚"，我不善饮酒，本职工作之外，很多精力花在最底层的学校听课上，我一年听课节数都在100节以上，我还有不少的教育工作，时常精疲力竭，我是否也可以说：还有什么心灵，比一节又一节课地关注着孩子的成长更为高尚？我真是忍不住要跳出来将自己褒奖一番啊！

讲　课

我坐在讲台上，我迫使自己兴奋起来，我需要勇气、热情与幽默感，如果我不开口说话，我什么都不是，"人的全部尊严都在于思想"。可是更多的时候，这样的"教育讲演"纯粹是件苦差事，我不知道我到底把哪些问题想清楚了，如果我没有想清楚，凭什么坐在这个讲台上呢？也许我从来不能透彻地把某些问题想清楚，也许根本就不能想清楚，我一边思考一边把我的思考说出来，我只是在迷惑与分辨中勾勒着某种教育的景象。每一次我进入的都是迷途，每一次我总能明白这就是人生的一部分，我正是在这样的跌跌撞撞中完成自己的课业，一个单位时间，或者更多一些的时间，我几乎渐渐成了一个教育的讲演者。一个在思考与倾诉中呼吸的人。一个没有任何光环的在场者。

有所感悟

经常，总是当我们回过头，就会发现一代又一代人都在那里学习转瞬即逝、毫无价值的东西。我们的学校，有一个很重要的功能就是将那些充满偏见、反人类、反价值的东西变成课程、变成课本，一日不差源源不断地灌到儿童的头脑中去，又通过考试、晋级等方式使儿童几乎没有任何反抗与怀疑的可能，我们民族所有天才的头脑几乎就这样被毁掉了。待到某一日有所觉醒，我们又需要花多少精力才能缓慢而艰难地从大脑中清除这些垃圾——这样的工作有时就是我们一生的任务，每想到这些，我总是要对学校充满恐惧，而学校其实也不过是权力体制中的一环，我们简直就不可能有别样的学校。

几年来，我在学校里做着课题实验，我明白教育没有独立品格，我们可做的事实在是有限得很。

发言者

我也不知道能对教育说些什么，反正是最大限度地说些自己想说的话——这是我的经历，我的体验，我的感悟，我的发现，如果你爱听，我很高兴，如果你不喜欢，我实在也没有办法——教育关乎一个民族未来的可能性，我即使未必胸怀大志，但生活在其间，就值得大声说出自己深深感受到的一切。实际上我愿意自己是个发言者。

一次低声喊叫 ①

仍然是潮湿、生殖的季节，仍然有欢欣和无所适从，我总是跨不过我热爱的一个又一个陷阱。我阴暗的语言，是我另一副更真实的皮肤。

我奔走不停。当我驻足，我就踩在自己的脊背上，践踏自己、唾弃自己，使生命失去重量。我疑神疑鬼总免不了要用慌乱的方式说话，我几乎就是为了使你无从下手。我看上去并不孤独，孤独不适合我，我一次又一次用错误的方式书写，我感到我其实是自己的遮蔽物，不知道路在哪里，因为不知道，便可以无所顾忌地复述着唯一的对可能性的想象。

其实，大概是因为过早看到生命的底牌，只有这一张底牌，我一直想着这件事，我剥夺了生活中些微的乐趣。是的，我没有向谁请求过，然而为什么要把不快乐看作是自己的责任呢？没有人监视，根本就不需要，我照料着自己，把身体作为生命的边界。

路途上

我偏爱这个词。这是属于身体的唯一值得信赖的一个词。它有一种奇怪的力量足以证明一切仅仅是开始，一切并没有获得可靠的归结。一个词，它使我们对生命有些犹豫，有些痛惜。

我看到短暂，我便增加了对各种权势和邪恶的憎恨。我常常想，越是试图

---

① 从本文至《扑面而来》曾收入《幻想之眼》。

扑灭它，它就会燃烧得越为猛烈。我抓不住，它总是罩住，现在千百万人都低头看着自己的脚趾，因为我们根本就不了解到底为了什么，我们陷在自己的身影之中，我们只会自怨自艾，放纵自己又原谅了自己。

一个一年级学生眼中的"学校八宗罪"

（现在我是倾听者，我不游动，我注视着眼前的另一个不可思议的"自己"）

（1）校园里很多狗，到处都是狗屎；

（2）教室里人多得走不出去，我们班是82个人；

（3）教室的门窗总是关得紧紧的；

（4）操场一下雨就积满了水；

（5）每天都只有语文、数学两门课；

（6）教师总是特别凶，喜欢骂人；

（7）学校厕所臭死了；

（8）学校里还有一个精神病人，是老师的孩子。

我不知道我有没有权利记录下这些，然后，也许我很快就知道把它张贴在何处，有点不情愿地跳进了这个没底的深坑。

乡村小学教师来信

那天，接到你的电话我竟然意外得语无伦次。也许我总是等着一个电话、一根线把我牵引到"外面"那个虚构的世界，它的温度大概并不适合我。我低头想着这件事，不知道自己是用什么方式把身体隔绝起来的。现在我就是山沟里一株不健康的杂草，我践踏自己，也等着别人的践踏。我盲目信任，盲目忠诚，盲目地注视着远处连绵的山峦，心中有一丝的喜悦和享受。

变色龙

"我没有什么可以信赖，只有改变自己。我承认经验远胜于机智，你对我所有的指责，其实并不是我的过错。所有的指责恰恰是警告，它使我明白唯有更深地掩藏自己。我的思想坚定、稳固，我的情趣单一而又持久。我塑造着自己，每天都是梦境的探访者，我不会去深究到底遵循的是谁的指令，我相信命运的开启，我顺从，拒绝任何的即兴。"

当我用这种方式写作时，就像听到了一个陌生人的声音。

此去的路总是并不遥远

我们要受很多影响，同时乐于接受各种影响，还不时找寻符合我们心意的影响源，我们的面貌呈现出一个时代的精神性状。当我走在街上时，各种各样的景象让我吃惊，我一边走一边努力坚持自己的怪癖：一直注视着身体移动时眼前两米之内的路面，我不是在做梦，而是小心翼翼地跨过不会赠予你任何梦想的领地，你甚至无处后退，你不断向前，一路保持着身体的平衡。

稿　约

我害怕任何的约定与催促，但几乎每次都会怯懦而欣然地接受，然后就是自责和愧疚缠身。我把它看作周期性病症，慢慢地它又变成了一种生活习惯，一个人便不知不觉地被困难、断断续续、不知如何用力却不得不实践的书写所开启。

感　谢

我只记住了你对我写作的鼓励，你从支离破碎的文字中辨认出了我生命的姿态并加以不断的肯定。现在我把这种力量用在所有的学生身上，我见证了思想能够带给人的灵动的生息，我就像在誊抄一部生命的历史，我的灵魂深深地为每一个字感动。

扑面而来

有一首我不断抄录的诗。几乎只有这一首诗让我热衷于比较它的不同翻译版本，我试图辨别出各种差异背后译者的学养和生命的深度，我做着徒劳无功的事。每一次阅读我都向那座房屋接近了一步，但仍总是身处门外，我看到微明的光亮和纯洁的餐桌，我肯定了自己的生活。

冬日黄昏

窗棂披着落雪，

晚钟长鸣，

房屋装扮一新，

为众人摆好了饭桌。

漂泊者们，三三两两，

从昏暗的路途来到门前，

恩惠之树开满金色的花，

吮吸着大地的寒露。

漂泊者默默地迈进房门，

痛苦已将门槛变成石头。

在澄明辉耀的光芒之中，

桌上陈放着面包和香酒。

———［奥地利］特拉克尔，作虹译

有机会就做一些小事情

有一天我突然领悟到，只要你不那么急切地期待着社会的进步，你能够更多地认同你的处境，把自己的局限性作为结果来承受，你的心境就几乎更有可能变得舒朗起来。于是，我便在这样的领悟中轻松了很多。

钱理群先生说"想大问题，做小事情"，我想还可以"想小问题，做小事情"，甚至，"什么都不想，有机会就做一些小事情"。钱先生说他是"低调的理想主义者"，多年前我就期望自己还能在"低空中飞翔"，说的大概是一个意思。现在，我的想法变得更简单，我知道我就是我自己，我首先为自己活着，如果能活得好一点，就是自己的福分，也是家人的福分，可能还可以给朋友们带来更多一点的愉快。人生需要有心情细细体会。人生的不如意已经很多，现在我们试图把它过得有点滋味。

教育的十字路口 ◇ ◇ ◇ ◇ 梦想的诗篇

不在场的风景——教室

你必须马上就去写。所有的文字都不是记录，无所谓记录，你写下的文字都探向一个可能并非你能控制的领域。文字具有一种自发性。

我目光所及也不就是我所看到的。不是我设想我能见到哪所学校，而是，仿佛具有命运感似的，我见到的总是那一所：窗户、木质桌椅、尘土、它的边界。所有的影像自动地在视界中重叠：每一次，很奇怪的，我总是觉得，甚至我总是目睹了，黄昏并不是从田野上来的，远处在炊烟和霞光中仍具有一种炫人的热量，而黑暗已在教室里出现了，自然没有灯，实际上那时我也从未获得有关电的任何知识，黑暗因而变得确切，它总是在我眼中生成，越来越明晰，这便是记忆的一部分。

我能炫耀什么？每次站在学校里面，或是建筑物的外面——这么说有一种自我剥离的意味，我既在其中，又在其外——我喜欢默视，常常是带着戏谑的心情，那些校训，标语，墙的装饰物，思维的停顿，尘埃和斑驳中自恋的文字距离我有多远，我甚至来不及想到"一切教育都是非人的，因为它从来伴随着强迫和恐惧"，我一想到教育，哲人总是在场，不是他的面貌——谁在乎呢——而是，只能是几乎还没有死去的声音，总是扰人的。

当我说自己是默视者时，我是个局外人，一个危险的存在，我只看我所看的。你说孩子们也在看吗，当他们整个儿地沉浸其中，有时还只能是目不旁斜时，他们见到了什么？让-弗朗索瓦·利奥塔曾写道，"对一个婴儿来说，母亲的脸想必就是一处风景"。我要把这一能够让人模模糊糊意识到的"记忆"移植到教室中吗？——"对一个学生来说，教师的脸想必就是一处风景"。其实是我错了，风景并不是总在"那里"，有时，它们"什么也没形成"，有时，是另外的"风景"让奇怪的眼睛看到了，比如，一个在课堂中突然"自发"走到窗口的孩子，告诉揪住他耳朵的老师，"我看到了，一棵树静止不动，为什么一片树叶却旋转不停？"风景出现了，它和其他的影像一起在孩子的视界中聚会，因而便在记忆中凸显闪现，它有一股淡淡的、难以言表的、混合着泪水和惊异的气息。

我们有时候会说，我嗅到了灵魂的香味。我宁愿这样想，首先，灵魂确实在那里，在形成，在扩散，在飘移。灵魂，也有一双注视的眼睛。是的，灵魂是一处风景，是一处不视而现的存在，灵魂只听自己的声音，人的声音，它从自己存在的深处，从自己的真善美中显现出人完美的形象——灵魂是一个缺席者——但我更愿意在教室里看到没有教育的教育，没有方法的教学，没有训诫的合作，没有斥责的实践，让我们忘掉所有灾难性、肮脏、深藏不露或者直接坦陈的邪恶吧，再也不要在自我凝视中让邪恶继续有恃无恐地不断达到自己的目的。现在我期望的，是邪恶的房屋在微风中崩塌。

我突然想到，一个孩子在传说中有鬼的教室——这种传说被不断添加上新鲜"可视"的细节——所获取的知识远抵不上那"可怖"，因而我们要相信它确切位居其中的"有鬼"的体验。封闭的房屋都具有一种排斥性，这是私人空间，这是我、小团体的秘密所在，我们几乎从来都相信，这就是整个世界。所有的失意、挫折、灰头土脸、贫乏、厌倦、敌视、仇恨、狂暴的意欲不都是从你所坐的小板凳上开始的吗？这样，我说到哪里了——教室中发生着几乎不可补救，更谨慎一点限定是无法完全补救的耗损、丧失和反向的培育——教室的双重面孔之一面，现在我们正在探向它的深处，那里藏着"反自然的嘈杂声"和伪善的自我缠绕，那里是不可解释的。

那么，说吧，记忆。荷尔德林感叹过："要是我不上那样的学校就好了。"他说的是什么学校，其实微不足道：就是那样的学校，恶魔不需要有任何的实体，善却需要，让我像博尔赫斯摩挲着他所喜爱的永远不可能抵达的中国的竹拐杖一样摩挲我的教室吧。我会在那由于太多的记忆而变得沉重不堪的桌面上，刻下"爱"、"我看见"、"梦想"吗？也许在最不显明处有一个同样羞怯的女孩子的姓名中的某一个字，那时老师正忙着让我们辨清"梦想"和"幻想"的区别所在，以至于我现在仍然要把这两个词继续无法辨明地混用，我要感谢谁——现在就让我精密地计算，我所失去的都是什么？——也许可以这样描述，我一脚踏空了，那一块台阶从此封闭在记忆深处。

只要有一个人不在场，这里也许确实可以看作是一个共同体。但是共同体的时刻总是稀少的，有一位初出茅庐者曾经这样被叮嘱：要让他们完全服从你，比如下午第三节自习课，你只要到教室把公文包放在讲台上——你就一直"在"那里了——这是黑色记忆的一部分，我们化作某一个替代品，我们就是替代品，强调、渲染、暗示、诱逼、威胁最后是更为直观的处置，这里没有任何悬念，服务也是奇怪的，如果服务仍然是一种服务。而我想在我的文字里留下一些询问的空间，比如现在，我可提供的就是这样的一个句子：我是谁？因为在我的困惑中这其实只是老掉牙的问题——在经验主义者那里，暴力常常就是层出不穷的规诫，无法理喻的歧视，对正义和善赤裸裸的拒绝与敌意，把一个人的声音压制到几乎只能隐约听到呻吟为止——我们什么时候继续谈到"我是谁"呢？不是拒绝，而是，后来的实际状况，有些问题是一个零，是内部的实体性的寂灭。

　　让我继续留在教室里吧。我不能说，我几乎没有在那里生活过，我确实仍然是一个从记忆里活下来的人。不过我现在要延缓一下思维的速度，这是可能的：我把目光投向别处，我就不在场，我再也想不起什么，我只能看——是另外一个人。

　　宋琳说，你在教室里不能太成功，因为成功是有害的。他说成功有一个假面具，如果你先把它摘下来，情况也许就会好一些，你所期许的，你虚幻的手势所触及的一定就不是成功，而是你的手势、表情、停顿，甚至突然爆发的有点放肆的大笑都是你身体本身，你在自己的身体之中，你在教室的某个方位，我们都看着你。

　　直到有时候，我们什么都看不见了。我们就默想着自己的飞翔，我无数次地梦见过这一情景，简直没有理由的我就已经飞翔在低空，这样的飞翔从来没有停止过，一直到最近的一次，就是去年的某个夜晚，已经有点肥胖的身体。我唯一能够感谢的肯定就是这个童年的教室，没有谁存心要剪断我笨拙的翅膀，没有谁恶毒地告诉过我一个简单的论断：你是一个白痴。甚至没有人有过这样的用心。现在我仍然可以用一个词，一个这个段落的关键词，就唤醒了整个童年。我要承认，在我的教室里，没有掠夺者，没有强权，也没有撕裂和驯化，有的只是乡村的漫不经心和粗陋，有时还要加上对命运和境遇的顺从——但是，哪里撒落下飞翔的种子，哪里就已经摆脱了文盲和奴隶的状态，我说来说去，想说出的就是：梦想引起了更多的精神的连锁反应，梦想是生命力的第一次爆发，梦想所引起的所有的灾难都是可接受的。现在，那些房屋的外表已构成了我无法辨明意义的黄昏的晦暗，还来不及完全在我故乡的土地上消失殆尽。

我哪里是要搜索、辨别、记忆和再现？我只是过于清醒，我不是见证者，我没有一直生活在教室成为一个老儿童，因而我知道，当我返身重新默视教室里的一切时，我变得过于机敏，有点心乱神迷甚或是另一种愚钝——"有时我们居住于不可居住之处"，有时我们所理解的恰恰是不应该被理解的，我们过度敞开，这是一种被征服者的顺从，我们只剩下孤独、冷漠、疲乏和厌倦，我们以自我哀悼的方式度日，生活则仍是热闹的，要使一个教室变得沸腾、喧嚣并不难，要使一个心灵变得死寂虽然可恨但也不难，但是你一定要明白什么是犯罪，什么是对生命的唤醒！我们就住在教室的边缘上（它的另一面是一个令人惧怕的深渊）。我们是自己的见证者。

暂时的喧哗

我从未受到监视。我这样想，这样感觉，当我疲惫时我并不觉得这是因为我内心紧张，因为我并不紧张，我坦然放纵自己的情绪，我是一个逗号，印刷质量不佳、经常看上去像顿号的逗号，这是我自己的感觉。我这样想的时候，其实正紧张地听着窗旁传来一个从未谋面的邻居对孩子大声的斥责，以及同样从未谋面的孩子越来越强烈越来越沙哑的哭声，"你为什么不停下来，为什么还要哭！"不断重复的威胁，不断高涨的哭声，我突然第一次这样想，因为楼道不同，虽然我可以听到他们强烈的交响，却几乎完全不可能认识他们。这不是一个问题，哭声也不是，斥责声也不是，问题仅仅在于我承认其实我听到哭声时总是非常紧张，"你为什么不停下来，为什么还要哭！"这只是一个很渺小的"为什么"。

好多年，我就住在离火车站不远的地方，我搬过一次家，仍然是住在火车站附近，总是很奇怪，总是每天都会听到火车的嘶鸣，铁轨的撞击声，夜里甚至因此无法入睡，听着火车的撞击，等待着强烈的受到惊吓似的嘶鸣，然后，也不知从哪天开始，习惯了，火车的声响沉入了其他声响，它不再是自己的声响，再接着又是不知道哪一天，我突然想起我好像很久没有听到火车的声音了，火车停了，消失了，它和我毫无关系了，甚至在我失眠的时候，夜里静极了，我也什么都听不到。其实我什么时候想来想去想的都是自己。

我乘坐大巴到某一个地方。我看，听，交谈，冥想，我住在旅馆里，我常常不能入睡。有时半夜爬起来写几个字，一直到早上醒过来，才知道这有多么乏味："总在行走。一节又一节课的课堂。最终因为疲倦，说太多的话，茶，莫名的烦躁而无法入睡的夜晚总是痛苦的。这时，你实在不知道还有谁能够陪伴你。其实，我所需要的不是任何一个具体的人，我对一切都厌烦至极。夜晚在无尽的绵想之中，你所有工作的意义都变得微不足道，只渴望着早一点进入梦乡。但是这是多么困难的事啊，夜晚容易使人绝望。孤单的人是脆弱的，失眠的人被夜晚带着走自己的路。"现在天亮了，我打开窗户，我眼睛疼痛，我又恢复了自己。

现在我站在二楼的走廊上。"雨突如其来，淹死了两万中国人。"不，没有下雨，我看到的是眼前的海，在一个学校的二楼走廊上我随便看着眼前的海——更意想不到的是，我脑海里怎么冒出了桑戈尔的诗句，已经是很久以前的阅读了。读书害了我，我说的是，现在我看到操场上600多个孩子，我完全看不过来，你猜我更乐意看到什么，两个男孩间的冲突、较量，相互踢一脚，既显示自己的力量与技巧，又不至于用力太狠，狠了肯定有麻烦，轻了则让对手看出自己的怯弱。课堂上，当漂亮女教师问什么时候需要合作时，一个男孩响亮地答道：打架。他就是现在操场上练脚的某一个吗？我忙着记下这有力的答案竟忘了看看他的脸。听说他还有一个孪生兄弟，他们真的更有可能是最好的合作者。而现在，他们都是合作者，他们扬起沙尘，奔跑，一个女生甩了男生一巴掌，然后沿着操场的边缘快速奔逐，眼看要追上了，多么紧张又生动的女孩子的身体。

一切为了学生的发展。阳光下的靠背塑料椅。男校长裹满尘土的皮鞋。女教师穿过走廊时用讲义夹挡住了半边脸。这座两层的危楼在假期已被加固，同时大部分教室都已搬到楼下，"如果真的塌下来，孩子们会跑得快一些"，校长瘦削的脸笑了起来。我喜欢看到微笑，大笑，雪白的牙齿。我喜欢坐在教室的前面，我也喜欢坐在教室的后面。这时，我心肠柔软，我认出了自己童年的声音。今天有客人在，没有孩子被罚站，也许是我多虑了，当然我远不至于怀念被罚站的感觉，不，现在肯定不是我的童年了。一次又一次看到站在门口的孩子，我总像看到了自己。更让我吃惊的是在某所学校，恕我忘记了它的名字，也许还是忘记了好，我几乎在所有的教室都看到了被罚的孩子，当我走过时，还有一个小家伙对我眨眨眼，他的眼睛清澈、明亮，他神情泰然。现在是他们的童年，所有的童年都有悠远的回声，他们正在生长。有一个班级，我第一次去的时候，他们还是一年级下学期的孩子，现在再一次到这个班上，孩子们已经升到四年级了，女教师对孩子们说：你们读一年级时，这位老师就来过了，现在过去了三年，他却一直没有长大。大家都笑了起来。快意的笑，好玩的笑，注视着老师和客人小心而愉快的笑。洁白的牙齿。男孩更像男孩，女孩也更像女孩了。教室又恢复了平静。现在是上课，坐姿，口令，板书，投影仪，越来越鼓胀的书包只能放在地上。一个修长、声音柔软的男教师，拿出一根火柴，"现在我就是这根火柴，要是谁把它点着，那你就完蛋了！"我几乎记住了它舒缓、从容的节奏，它甚至显得有点优雅，就好像我自己就在现场。不断涌现的画面。紧接着是另一幅，"现在你们四人小组一起用橡皮泥合作完成一幅作品，谁做得快，我就奖给他一个气球。"于是你就听到真正快乐的喧哗，所有的小嘴、手、脚、笔盒、桌子、椅子和橡皮泥都在说话。而在另一个音乐班上，一位40多岁的女教师则告诉一个开小差的男生：你有没有发现，当我看大家的时候，有一只眼睛始终注意着你！顿时音乐消失了，也许没有一张脸是忧愁的，也许我的一只眼睛就是左轮手枪，你去想吧，时间不多了，快快，还有20秒，我要倒计时了。每天从中学返回家中的女儿，总是告诉我很累，然后就顺势躺在地板上，早操，眼保健操，起立，排队，不要讲话了，"有些家长，总以为自己的孩子在学校里表现非常好。家长对你们不负责任，我可要对你们负责！""记住了，所有的试卷，作业，背诵的课文，单词，都要家长签字，谁没签，我就让他的父母给我挂电话。英语试卷还必须签上90分算及格，每一次都要，记住，记住，现在上课。我们知道英语是多么优雅的语言，大家把书翻到第25页，一起读……"一位小学美术教师告诉我：有时候我在路上走，走着走着就睡着了。不，不是睡着，是我忘记了我是谁，是谁在走。"今天终于到星期五了，孩子们，我们总算可以休息一下了。"不，不会有这样的结束语。"记住了，周末该干什么，自从带了你们这个班级，我的幸福生活就结束了！"现在我还坐在后排，在中学喊起立时，听课的教师也要站起来，小学则不需要，我们继续坐着，看孩子们围住了教师，"我还有一个问题"，"老师你的长毛大衣，能让我轻轻摸一下吗，我的手很干净"，喧闹正在到来，追逐，大声地喊叫，"马兰开花二十一……"现在，我还能跑到操场上，和孩子一起踢足球吗？一个明媚的上午，十点钟，有位教师给我发短信：我真希望这会儿躺在小溪旁的草地上，不远处飘来阵阵烤肉的香气，就是这样，真正的烤肉。所有的幸福都是可以想象的，想象幸福并不需要勇气。其实也没有什么幸福可言，所有的孩子都会长大，都在长大，人就是桥，连接者，也把自己连向了自己的结束。现在当我作为一个旁观者坐在教室里时，是否也增加了教室的不安全因素，我是动乱分子，我甚至是威胁者，我是自己愿望的对立面？我好像在期待，却真不知道在等什么，孩子们振翅欲飞，孩子们都有自己的姿势，我已经在内心听到他们嘲笑的声音，他们将飞得越来越远。而我们都早已是滞留物。美妙的秋天，我曾经眷恋过的一切都正在消逝。就是这样，就是这样。我在衰老中找到了自己。在我的内心有一所喧闹的学校。

梦想的诗篇
——阅读肖川教育随笔的几个角度

1.实际上，尽管由我负责编辑的两份教育杂志始终有肖川的专栏，每次出门我甚至会带上肖川文稿的各式打印件，它是如此丰富而连绵不绝——旅途中精神的美妙享受，冥想时不断由肖川的文思激荡而获得的更深刻的对教育的省悟，他曾经给予我很多有力的鼓舞——我却由于无法排除的自身的阻力，而不愿轻易进入一种"认知与辨别"活动之中。我仅仅看到，他一直是"另一个"，这几乎就是他的宿命所在，就是他用力的方向。他不断培植着对自己生命的敏感，看起来他越来越适应这个世界，但同时似乎也看透了这个世界的空虚。有时，他简直派定自己作为一个正在期待中，也许将要生长出第一片嫩芽的新教育的代言者。正如他所说的"教师对学生的成长负有道义上的责任"，在他的追问中，始终怀有一种正当的力量。"个人是最珍贵的"，"良好的教育一定能够给无助的心灵带来希望，给稚嫩的双手带来力量，给蒙昧的双眼带来清明，给孱弱的身躯带来强健，给弯曲的脊梁带来挺拔，给卑琐的人们带来自信"，相信教育的正义与高尚，也就是相信人类精神锋利的光芒。我们可以嗅出这里的乌托邦气息，看到一颗没有被黑夜与习俗所摧毁的童心在跳动。童心总是与帝国作对。童心可以使"另一种声音"冲破各种钳制与规范而赢得了自己的旋律。

2.我喜爱一些文字。有时仿佛有一种幸福等待着你分享，它是如此恳切、热情、执著，它甚至是如此激烈、偏执，闪烁着"片面的深刻"，散发着自由思想的力量，它力图和你一起重新理解做一个堂堂正正的人，一个富有理性精神、有教养、有独立人格的人的生命意义，促使你和它一起谋划怎样真正参与到人的全部生活，它就是对自由心灵的拥抱。这些热血文字，因为思想的开放性、彻底性而越发清澈、敞亮。它同时也是有争议和充满危险的，因为它必须对自己的时代作出交代。它所有的热情几乎就建立在这种交代与质疑之上。

3. 他认为教育就是对话与分享。他说自由言说带给我们的是"平等的对话，思想空间的广袤与智慧的开启"。他告诉别人最美妙的事情莫过于"在忙碌了一天之后，在沉沉的夜色下，挑一盏孤灯，或伴一杯香茗，细细阅读"。他说要"与经典为友"，"心与书的交流，是一种滋润，也是内省与自察"，他歌咏"大学真好"，向闲暇、自由思想、生活的明丽与清新致敬……在肖川美好的文字背后，是人性的多姿多彩，是无数蓦然回首之后的动情时刻，"心灵因为细腻而伟大"（摩罗语），心灵因关怀而多情。里尔克甚至说："歌咏就是存在"，体验生活的美妙意味着是一个需要修炼与学习的过程，更需要心灵对世界深刻、持久的凝视。

4. 我们因为文字而彼此相识。第一次见面是在北京北太平庄的某个宾馆，我惊讶地看到肖川带着一瓶红酒，其实那天在他家乡驻京办的湘菜馆里我们除了说话几乎没吃什么，然后就到附近的公园散步。有时还真需要有一种恰当的方式便于彼此进一步"发现"。后来我多次坐在会场里观看、倾听肖川的教育讲演，他是收放自如、声情并茂的小巨人。我也曾这样描写他："当肖川要在杂乱的办公室打电话找一个人时，却非常缺乏信心，'啊，我想找张文质先生，对，我要找张文质先生……'"他的乡音固执而奇怪，他说自己对之比较放任，当他这样描述自己时，神情显得有点羞涩。他显然试图从生理上再一次肯定自己的唯一性，"无论何时，我只能站在自己一边，这才是最大的真实"。自从第一次见面之后，我就意识到他身上有一种可贵的力量，他的探索正是"始于不可能，始于例外，始于绝境的"，"从明天起，和每一个亲人通信／告诉他们我的幸福／那幸福的闪电告诉我的／我将告诉每一个人"（海子诗），阅读肖川也许也意味着我们又朝自己迈出决定性的一步。我们分享着这个时代的梦想与温暖。我们生命中有一种奇妙的"存在的激情"。

5. 他是个倾诉者。他享受着倾诉者的快乐。他在深夜与自己"推心置腹"，他对鲜活、灵动的文字难以掩饰自己的痴迷，他甚至宁愿"因文害义"，他只想做一个文人。在他的坦率、执著中有一种生命的优越状态，有一种对不可能的始终高于你的苍穹的仰望。这也许就是为人为学的底气，我会时常想到这个人的"双眼多么炯炯有神啊！"我几乎要祈望所有的人都读到这样的文字，谁又能无动于衷呢——

什么是良好的教育呢？也许我们很难给予它一个周全的描述，但我们可以肯定地说：如果一个人从来没有感受过人性光辉的沐浴，从来没有走进一个丰富而美好的精神世界；如果从来没有读到一本令他（她）激动不已、百读不厌的读物，从来没有苦苦地思索过某一个问题；如果从来没有一个令他（她）乐此不疲、废寝忘食的活动领域，从来没有过一次刻骨铭心的经历和体验；如果从来没有对自然界的多样与和谐产生过深深的敬畏，从来没有对人类创造的灿烂文化发出过由衷的赞叹……那么，他(她)就没有受到过真正的、良好的教育。

旅途的开始

1.我总是在寻找，在等待。也就是说我在阅读，我乐于接受各种各样的影响，我各种奇奇怪怪的念头，其实都产生于阅读之中，我是第二序列的，才能有限，生命的强度有限，因而更多的时候，我并没有创造什么，发现什么，我只是领悟到某些细微的感触，就念念不忘，我是把生命的瞬间在心中放大的人，我是敞开的。

也许只能如此，我试图改变自己言说教育的方式。摆脱所有的教条和偶像崇拜，摆脱言不由衷，摆脱对自我生命的冷漠、遗忘和不尊重。摆脱恶俗和妥协，我只是在做一件事。

2.每一次坐在教室里，我总是不禁要问询：女士们，先生们，请告诉我吧，现在上的是什么课？

我又回来了，作为研究者，也许更应该说，是作为一个参与者，一个梦想着返回童年的人，回到你们中间。我依然希望能坐在第一排的某一个位置上。总共有多少年总是坐在第一排的某个位置上，或许我因此总是比大多数人看得更清楚：如果我没有走神，没有打瞌睡（这几乎是不可能的），我的道路是从老师的眼神中开始的。当然，实际情况远不止这些。当你坐在第一排时，你就能明白我说的确实是我在缓慢生长的岁月中逐渐获得的。没有惊奇，只有承受。每一个儿童的眼睛中都掩藏着无数人生的场景。那双眼睛轻而易举地做到了这一切。我的课堂，我的身体，我发现了在那里的生活。

现在是快速的闪动，是一些你几乎无法记录的片段。

3.当我居住在城里时，我喜欢的是乡村，当我为工作忙碌与奔走时，我喜欢的是宁静和游手好闲。确切地说，我喜欢的还是闲适，正如林语堂所描绘的那样，脚舒服了才有心灵的自由。每一个假期对我来说都太短暂了，现在，常常我所能得到的就是，无数的失眠之夜，在没完没了的咀嚼和自我缠绕中，我喜欢是"自己身上那只贪婪和枯瘦的野兽，珍视自己破损的皮毛"。

我喜欢的，我所拥有的，几乎也是令人厌烦的某种"自恋"。在昏昏沉沉的午后，我在自己家里涂涂画画，我明白我不喜欢这个时代，我自觉地以自我封闭为武器。我在自己的家里，我是书写者，只为不具体的目的效力。

而有时，正是这些不具体的目的，让我知道自己等待着被"呼唤"。

4. 城里的学校总有更多的相似，而乡村的学校则有各不相同的难堪和粗陋。我这样写时，眼前马上闪现出我第一次走进那些乡村小学的情景。它们仍然"在"那里。就像有一次我问一位刚换了一所学校的乡村女老师：新学校怎么样？她的回答是：都是一样的。然后就没有别的词了。也许，一切真不具有叙述的价值，或者，这会儿宁愿自己是一个旁观者，就那样，有人生活其中，总是在外面受过教育，又回来了，又延续着乡村的故事，劳顿、不真实的幻梦，或者只有独自消磨的无奈，就那样，谁不愿意是一个"他者"呢？然而，谁又没有梦想呢？而现在靠一个人做梦是远不够的。

有时候，我回到自己的老家——虽然越来越不像乡村，但仍然是一个村庄。很多次，我都想着要到我读过的小学去看一看，但几乎，就没有走进那个不大的校园。学校里已经没有人认识我，那些教过我的老师大概都退休了吧。我只是想，仍然有一代一代的人在这里生活着，在生长，在乡村寂寞的夜晚，总是有人继续怀着自己微薄的梦想。

5. 我确实也是一个劳作者。每个月的某些时候，当我坐在某一间教室里，我总是敏感、兴奋和充满期待的。我看到了简陋、布满水渍、斑点，也许还挂着某位"重要人物"语录的四面墙，童年也总是一个原点，它是一个出发者。如果坐在前面，你就看到了他们明亮的眼睛，如果坐在后排，他们的后脑勺也是很生动的，有些女孩子的蝴蝶结、奇怪而美丽的辫子，肯定会带给你对美好人生的遐想。哪个孩子不愿意响亮地发出自己的声音呢，如果他的童年真的得到了珍视？我还记得曾有一次，我坐在一个男孩的后面，他先是好奇地注视着我，一次，两次，终于忍不住了："老师，我想问你一个问题，你的脑袋为什么会长这么大？"我笑起来了，我真的没想到竟是这样一个有趣的问题！

让我们和孩子一样坐在教室里享受教育吧。我们会更多地明白自己的责任，我们也更愿意立刻着手去减少教育的痛苦，甚至在某一个时刻，你会突然发现自己变得更加纯洁了一些。

唉，我和谁说着这些呢？

6.每次从学校回来，我的心情总是矛盾的。在那里我愿意和任何一位教师谈论具体而又值得深究的教育问题。真的，我在很多教师身上看到了教育的变化，充满生机的，交互式的，又是富有新的价值取向，引向一种"善"的思想，适合生存与成长的新课堂的萌芽，一切都使我深信，一种更为宽容和充满进取精神的氛围，其实也是适于人性的成全的。我明白教育的危机并不是在教师身上发生的，甚至没有任何一代教师像今天这样"无辜"、无奈与茫然，也没有任何一代的教师像今天这样焦躁与矛盾。也许还可以说这一切恰恰构成了教师这一群体的复杂性。

但是，正是在一所又一所的学校，我看到了控制与强势如何支配着一切，而贫困与无助又是怎样使学校丧失了激情与奋斗的目标。有时候，我甚至只能这样想，就让我们谈论课堂吧，但愿课堂之外就没有另一个世界。

然而，就是课堂也哪里能够轻易说得呢？

记下一些词

　　真不知道为了什么，我在笔记本里花了两天，罗列了以下的词：召唤、期待、注视、停顿、放弃、情境、敏感、警觉、反思、冒险、保护、克制、打动、临场、脆弱、伤害、调和、塑造、可能性、兴趣、整体、个别、实践、沉默、机智、无知、热情、歉意、强制、灵感、恰当、茫然、自卑、障碍、温情、局限、有限性、控制……还可以写下更多。在我的脑海里反复呈现着属于这些词的画面、场景、记忆，在一个对教育沉思的人那里，这一切具有教育的意味。每一个词都和我们的身体有关，每一个词同样能够"打动"现在仍暂时拥有这些词语的思索者。当我说到"思索"时，感到特别的"力不从心"：我真的在思索吗？有时候我们对自己也无话可说，怎么能说我们在思索呢？而另一些时候，我们又喋喋不休，如同灵魂着了魔，我们真的在思索吗？但是，现在这些词，让我明白，它们不仅有自己的声音、纹理，也许还有隐秘而迷人的通道，带领我们去接近教育的生命现场，每一个词都等待着我们调整把握它的姿势。每一个词都留下我们的痕迹。

　　永远不知道如何才能叫作"恰当"；永远只需要具有无法限量的敏感，我们只能够迈出一小步，然后就应该停下来，注视着自己。不断生成的路，我们精神的投射，我们递送自己，我们就是我们的未来。

　　必须注视每一个词。必须有无数的词持续着我们一生对自己的注视。

召　唤

连着两天，我就坐在书桌前准备着某些特殊的词语。我先是小心翼翼地把它们写在一个记事本上——我还真有点喜欢它，它所承载的细细碎碎的生活与思绪。——现在又到了福州一年中最寒冷的季节，看电视知道纽约气温已降到零下 28 度，据说是 130 年来最寒冷的，而在福州严寒总是难以遇见，只是春节前不多的几天让我喜欢。气温降下来了，需要恰当的词语用来写作。一些词语直接让我们回到心灵的生活。

没有哪个词像"召唤"一样的让我感受到召唤。几乎，我可以断定我现在所从事的工作，就是受到了"召唤"。这是一个需要低声诵读的词，更轻，更轻一些在心里，我想说我听到了远处的声音，我看到一些光影，我总是时不时地想立刻就找到一个教室坐下来：那里正在进行的生活，我要参与其中，我乐于这样，一定有一些声音能够起到精神的抚慰作用，我们需要的是否就是这样的一种逆向生活，只有这样我们才能回到童年，现在我已经明白确实有一些工作，对我而言，它就意味着未来——生长于过去之中的一棵奇妙的树。我信任我的工作。

在我们内心的感应器——你可以相信它一直就在那里，我们应该让它始终机敏而迅速地作出反应——我听到了儿童的声音，我听到了教育之声。我所有的旅程都从这个末端开始。

我所期待的生命化教育

1. 生命化教育就是个性化、个人化教育，始终指向一个永无重复、永难穷尽的生命个体，始终以成全每一个健全和富有个性的人为自己最为根本的目的。

2. 生命化教育对所有的生命都表现出一种真正的善意，它顺从天命，敬畏自然，并把人看作是所有生命体中的一员。

3. 它努力培植对生命的敏感，关注所有生命的价值，肯定所有生命的意义，有同情目光、慈悲心肠和大爱境界。

4. 生命化教育以成全所有生命的价值为导向，执守教育的真善美的崇高理想，使教育沐浴于人性的光辉之中。

5. 它始终关注生命的差异，努力去成全所有生命各不相同的发展目标。

6. 生命化教育维护与尊重人的尊严，以宽容和欣赏的态度对待文化与信仰的差异，维护与倡导人自由选择、自主成全的权利。

7. 生命化教育始终相信人，始终相信生命的意义，始终相信教育能不断战胜愚昧、粗暴、狭隘、卑俗，走向光明、慈祥、辽阔、和谐，教育以人性的方式，使人最终赢得解放。

8. 生命化教育把每个人都视为一个运思和创意的原点，把每个人都视为一个智识和灵感的凝结中心，它的成全之道——
从关注每一个学生开始，

从尊重每一个学生开始，

从满足每一个学生的需求开始，

从善待每一个学生开始，

从开启每一个学生的智慧开始，

从相信每一个生命的价值开始，

从成全每一个生命发展开始，

从创造宽松、和谐、有安全感的教学环境开始，

从改善对学生的评价方式开始，

从改善与学生的交往方式开始，

从改善倾听能力开始，

从改善与学生的对话方式开始，

从改善教学策略开始，

从改善对人的敏感、对语言对问题的敏感开始，

从提升自我生命质量开始，

……

生命化教育：作为一种期待

——为《守望教育：在幸福与自由之间》一书写的序

在王火炬的学校大事记录本上，准确地记下了王永、张文质两位教育新思维传播者第一次来到同安第一实验小学的具体时间：1999 年 5 月 23 日，更精确地说，应该是下午两点半，他们在操场上把行李交给某位校领导，然后几乎就是跑着冲上了学校教学楼四楼简陋的电教室。电教室已经坐满了人，下午的阳光明亮灼热，一双双眼睛都显出几分兴奋：两个人简直相映成趣，一高一矮，一胖一瘦，然而他们的话题同样热情，给人以幻想，甚至带有某种令人眩晕的气息。现在已经无法细致地一一回忆当时的情景，总之，那是一个热烈的下午，我们可能就是在这一个下午开始要求自己应该尽可能广泛地承受我们的存在：一项事业，当它开始时总是有点不真实。

后来发生的一切确是我们所期待的，但同时又无法预想。谁知道呢？希望首先是一种精神状态，而不是一种现实状态。当我们满怀希望时，我们的事业就有一种正义感，一种道义的力量——更多的智慧和创造的热情被唤醒，得以增强，并聚集在一起——它超越直接体验到的世界，它的目光既投向未来，又精细地关注着每一天的每一个人，它具有一种属于自己的独特的音调、韵脚、措辞，它就是人的生活；所有的人都在交流，在欢笑，在表演，在争辩，在给予，在索取，在书写，在创造。校园中的一切因此日益显现出一种使人称奇的鲜活性。我几乎还要肯定地说，对一所学校而言，甚至对所有的人而言，有一个值得我们不屈地为之奋斗的信念，也许比什么都重要。

一转眼时间已过去了四年。太多的细节不是一本书所能承载的，但谈论这本发出悦耳的希望之声、满怀敬畏和虔诚的书是值得的，因为教育没有远离此书，因为在这里我们已经可以读到更为丰富更耐人寻味的生命的生成——真正的教育开始获得自身的本质。

现在，我们要把目光转向下一个五年，一个更为辽阔的视域，也许可以给予我们的实验这样的命名："21世纪生命化的新教育"。它的基本目标简述如下：

（1）学校确立"教师第一"的理念，尊重、信任、关爱每一位教师，为所有教师的发展提供制度保障；

（2）学校有教师共同参与的以提高教学质量为目标的课题实验，有影响卓著的教研成果；

（3）学校有各种教师的研究组织和自由交流的空间；

（4）学校有广泛的合作网络，丰富的校外资源，与家庭、社区、社会形成和谐的协作、互动；

（5）学校有在丰富的本土文化基础上发展起来、富有创新精神的办学理念，始终自主规划行动，并努力在所有的行为中体现自己的理想；

（6）学校有一批学识丰富，情感细腻，个性独特，富有人文情怀和课堂创造力的教师；

（7）学校的教学质量始终得到社会的广泛认可；

（8）学校不让任何一个学生受到忽视和歧视；

（9）学校不让任何一个学生失去信心；

（10）学校不让任何一个学生毫无专长；

（11）学校不让任何一个学生得不到尊重；

（12）学校不让任何一个学生失去梦想；

（13）学校中有形形色色的小明星；

（14）学校中有各种各样的爱好者组织；

（15）学校中有丰富、平等、自由的对话与表演的空间；

（16）学校中有多姿多彩的竞技活动和才艺展示；

（17）学校中有特别令人留恋的学习环境；

（18）学校中有永远对学生敞开的电脑、图书馆、体育场；

（19）学校中有优秀的文学社、期刊、运动队、艺术团和网站；

（20）学校什么时候都像一个温馨的家。

对基础教育中十个人文关键词的思考

人文精神是当代基础教育变革的价值背景和追求目标，以下名词或术语在教育改革实践中被赋予了坚实、丰富、深刻的精神内涵。

自主　首先是对人成其为人本质的肯定。人生而自由，人生而就理应自己作为自己的主人，人的一生便不断地以"人的本然而应然的生命祈向"而寻求着精神的高度自由、自主状态。人如果不能自己做主，人作为人的本质属性和基本权利就没得到尊重和肯定。正因为"自主"意味着人自己选择自己的价值取向，因而自己对自己负责，从而增加了生命所有选择的责任感，自我判断、自我抉择、自我提升、自我成全，使人生真正成为自己缔造的成果。

自主还意味着对人的能力、潜质与差异的信任与肯定，意味着对在人的本能的基础上发展起来的"儿童文化"的尊重与珍惜，意味着对人各种自由选择的发展可能性的尊重与期待，每个人都理应自己把握生命发展方向。

人一生都在自主学习，都能够自主学习。自主学习，同时意味着对可能最好的学习方式的期待，是教学变革的价值起点和精神归宿，还意味着教育必然的愈加开放的自由选择。

教育的本质就在于引导，引导的本意就在于不断唤起与促进人内心智慧与价值的觉醒与发展。可以说，任何成就人"觉醒与发展"的教育亦即一种精神教育。

"自主"作为教育过程中的发展目标，需要各种以成全人为职志的制度保障，在各种灵动而富有变化的教学策略的协作中才能逐渐实现。

互动　在形式上有教师与学生，教师与教师，学生与学生，学校与教师，学校与学生，学校与社会，知识与能力，文本与个人，知识与情感，认知与生活，教学与发展，课内与课外等各种互动方式。互动的意义在于对每一个个体生命价值、特殊才能、个性差异的肯定与尊重。应强调正义与平等，强调经验、才识的交流与共享，尤其应强调在尊重差异、价值多元的基础上合作，在合作的过程中不断增强每一个个体的合作能力。在互动之中，学校成为学习者的精神家园，所有的人都在交流、在欢笑、在表演、在思考、在争辩、在给予、在索取、在书写、在创造。也就是说，在高质量地生活，教育成为人一生最大的享受。

互动，帮助人消除孤独感，克服自我中心主义倾向。互动使每一个个体都感受到人类的一体感，体会到作为人的喜怒哀乐，并同时增强自己作为人类一员所担当的伦理与道德责任的意识，互动还将有助于每一个人形成独特的个性。

开放　校园空间的开放，课程与教材的开放，教学过程的开放，评价方式的开放，教育目标的开放，目的都在于促进人的眼界、学识，促进精神世界的开放。没有开放就没有活跃、自由的思想，开放有助于尊重差异，使人变得更为宽容；开放使人消除偏见，学会鉴别；开放使教育在景仰、吸纳人类共同的文化、科技与物质财富的基础上，面貌更为仁慈，更符合人类共同的理念。

开放，同样是一个动词、一种行动、一个过程、一种理念。只有开放，才能增进更深层面的开放，也只有开放我们才知道差别、个体、潜质、边界、异域、新奇……甚至我们自身到底意味着什么。开放使我们最后能够反躬自照，回到自身并完善自身。

质疑　这是一个"重估一切价值"的时代。我们愈加明白"课程"所讲的一切，不过是特定的历史条件制约下所给出的可能的解释，我们要关心的是怎样保证任何东西（无论是偏见还是先入之见）不妨碍思维本身。质疑的基本姿态是"反向思维"，即对万事万物作"反抗式思考"，目的在于避免思考本身陷入单向思考模式（大卫·杰弗里·史密斯语）而最终使人成为"单向度的人"。质疑使人避免盲目与盲从，避免被驯服与奴役，质疑使课堂成为寻找真理、发现真理、分享真理的首要地方。在今天这个时代，更需要用"另一种声音执勤"，更需要肯定"个人真理"的价值，更需要在大一统格局的板结之中寻找生命悲剧性的突围，更需要充分尊重与肯定"命定的失败者"的精神价值。唯有如此，这个民族的教育与文化才有重获生机的可能。

活力　依照罗素的观点，活力与其说是一种精神品质，倒不如说是一种生理特质。大致的，活力总能让我们联想到健康、愉悦、生机、年轻、爽朗……活力能增加生活的喜悦，减少生活的痛苦，能帮助人类承担最大的烦恼和最大的忧郁，它意味着思维和形体都处于一种"活"的状态，这是一种指向生命原初的理想状态。生机勃勃的孩子入学前，活力会上升到一个最高的阶段，但在入学后，会由于教育而趋向减弱。教育使活力成为它的牺牲品，学校使孩子逐渐"成熟"（更像成人）的过程也是活力逐渐丧失的过程。因此，在基础教育具体实践中应该把"活力"作为评价课堂与校园生活最重要的精神特征。人首先要活得像个人，有个人尊严。和谐、安全的教育环境能够充分重视个人的禀赋与创造才能，使人敢说、敢笑、敢于最充分地表现自己，"精神放松，形体自如，个性突出"。在知识、能力发展的同时，情感与精神力量在发展，身体也在更健康、更快速地发展。活力使课堂与校园生活充满了人性美。

　　"活力"反对任何形式的僵化、呆板，反对假以各种名义的禁锢、窒息，"活力"尊重人的身心需要，"活力"赋予各种交往、互动以积极的开放的意义。"活力"使我们直观地感受着"人生的意义在于求取幸福"（胡适语），并由衷地赞美生命中所蕴涵的能量。

　　宽容　每个人既是宽容的对象，又是宽容的主体，人人都得宽容他人。宽容维护生命本身，也维护共同的生命，宽容使得差异性存在，差异性使宽容成为必要。从本质而言，宽容就是培植和保护独特性、个体性和不规则性，也就是培植和保护生命。这正是人类共同的理想与前途所在。

　　宽容可简要分为五种（根据迈克尔·沃尔泽）：

　　（1）为了和平要顺从地接受差异性。

　　（2）被动的、随和的以及无恶意的冷漠："兼收并蓄，自成一统"。

　　（3）产生于一种具有道德意义的容忍：对"那部分"人拥有各种权利予以原则上的认可，虽然他们以种种默默无闻的方式来实现这些权利。

　　（4）表现为对别人的坦率、好奇甚至尊重，愿意倾听别人的意见，并向别人学习。

　　（5）积极拥护差异性：如果差异性以文化的形式来体现上帝创造的广泛性和多样性，或自然界的广泛性和多样性，那么这是具有美学意义的拥护，抑或一种具有实用意义的拥护。按照自由多元文化主义的论点，差异性被视为人类昌盛的必要条件，它向个人，不论男女，提供各种选择性，使他们的自主权富有意义。

同情　在英国有一所"同情学校"，英国散文家卢克斯在参观时看到，有个学生要人搀着走，好像瞎了，还有个学生夹着 T 字杖，在窗口看别人走动，好像她是个跛子，其实，这些孩子既不瞎，也不跛，学校要她们某一天要做盲人，某一天要做跛子。这样才能知道盲人和跛子的痛苦，将来长大成人，才会同情那些不幸的人。卢克斯跟那个"瞎子"学生谈了，她说做盲人最苦，她将来照应盲人会特别小心。

这个教育方法真是好极了。世界上如果多些这种教育，人类一定幸福得多。正是要有相同的情感，相同的经历，才有真正的同情。古时的开国之君都是民间出身，知道老百姓的痛苦，大都贤明，而他们的儿孙养在深宫，对人民就没这份同情了。狄更斯的作品能够暴露社会弊端，改良监狱，是因为他父亲坐过监狱，他自己从小饱尝社会疾苦。

但是有一种同情没有学校可进。聪明人不知道脑筋钝的人可怜，力气大的不知道没有力气的人不济，体力强的不知道病人的痛苦。恐怕强的只觉弱的可笑而已。这都无关紧要，强的让他们逞强好了。（见思果的《同情学校》）

当代美国著名教育家威廉·贝内特则在他精心"编织"的长达八百页的"美德书"中把"同情"列为经典性、不会随着时代与价值变迁而消逝的永恒美德的首位。发自内心的，对他人与生命万物真正的善行，是一种"人道"，顺从命运，而又由衷地同情弱势个体，是一种"人道"。同情使我们多愁善感，永怀期待，同情也使我们超越个人的悲欢离合而拥有教育工作者所拥有的大爱心。同情永远针对着差异、个体与细节，同情是教育工作者饱含泪水的"福音书"。

爱　没有爱，就没有教育，没有爱，人活得就不像个人，爱使教育成为真善美的乌托邦，爱使学校成为真实的人的学校。我再也想不出比《圣经》中保罗哥林多前书第十三章更美好的"爱的颂歌"了：

爱恒久忍耐，又有恩慈，爱不嫉妒，爱不自夸张狂，爱不做羞耻之事，不求私利，不轻易发怒，不计别人的恶，爱喜欢正义与真理，爱凡事包容，凡事希望，凡事忍耐。

觉悟　我想在黄克剑先生所开启的精神视阈探讨有关"觉悟"的三个向度：

人文本体之觉，也就是人生意义的觉悟。每个人各不相同，我们因此可以认定每个人各负有自己的神秘使命，教育就是不断引导人探询"活着"的意义。人是作为生命价值的追求者而存在的，人是作为自己把握生命方向的自我实现者而存在的，人时时都在"分辨善恶"，自己选择自己的价值——因而自己对自己负责。人生意义的寻取首先引出了"人的自我实现"的责任意识："灵魂的自我安顿、品操的自我督责、人格气象的自我提升"。人生意义的寻取同时也意味着人作为"类"（人类）的一员，以"自我实现"的方式所担当的个体对于"类"的责任。

生命个性之觉，首先肯定人各有独特的天赋、气质、秉性、趣味。教育就是以最符合人的天性、最恰当的方式把人成全为一件真正的艺术品，既是独一无二的，又在审美的意趣上有着可普遍传达的典型性，即既有某种不可重复、不可替代的独特价值，而这价值中又凝聚了可为人们鉴赏、称叹因此流贯于人际间的类（人类）的精神。在个性匮乏的时代，当我们要培养"素质教育"之真正"素质"时，首先是以"个性"被认可、被伸张开始的，以下这些意味深长的词语值得我们反复体会，每一个词语都是教育的行动：特立独行、独树一帜、离经叛道、标新立异、绝不盲从、绝不人云亦云、绝不妥协、活出一格……

灵思创发之觉是指"富有原创性的精神端倪的绽露，或那种突发的、骤然照亮一方新天地的智慧之光的透出。这精神端倪的绽露或智慧之光的透出不是博闻强识或逻辑推理的自然结果，在看似纯属偶然的心智觉醒中那隐含着的是生命的某个敏感点被吸引和激发的消息"。任何灵思创发的"觉醒"，都强调"拙真而深切"的生命体验，强调执著而持久的自我期待，强调在足够丰富的知识积累、足够开阔的智力背景上的突破与超越的意识，强调先觉之"觉"对后觉者的启迪与引导。

生命　生命比任何知识、规则、纪律，甚至荣誉、被许诺的未来的发展与幸福的可能性等所有的一切都更神圣。

所有的生命都无法被另外的生命所代替，生命具有唯一性。

所有生命都有自己独特的密码，都令人肃然起敬，都值得敬畏。敬畏生命是教育的伦理起点。

所有生命的行为都无法重复，无法再现，无法替代。

所有的生命都具有过程性、丰富性、多样性和不可知性，同时还具有神秘性和不可言说性。

由生命，我们要探询以下关系的价值张力与命意所在：生命与权利、生命与自由、生命与个性、生命与发展、生命与归宿……

生命化的教育内涵概括而言就在于：教育是自主的、互动的、开放的，需要不断质疑的，充满活力、良知、爱心、同情之心，尊重人，对人有无限宽容之心，不断促进人的觉悟、境界与生命质量提升，亦即不断使人赢得解放的教育。

生命化的教育意义还在于它是关注所有人的，关注差异、独特性，从而促进所有人发展的教育。生命化的教育同时还意味着关注每个人的当下体验，关注具体的、各不相同的生命的教育。教育和生活融为一体，教育即生活，教育是人一生最好的享受。生命化教育强调教育的独立价值、独立品格，强调教育要有终极关怀，要把对人的灵魂的呵护、成全作为本始也是最为永恒的使命。

有你的信

每一天都是一个开端

（安溪县陈进德老师来信，询问如何更有效地提高自己的写作水平）

陈进德君：

　　您好！

　　早就应该给你回信，也许因为忙碌无法静下来，也许因为有时候真觉得不知怎么写信，难道不是吗，还有什么更甚于面对一张白纸的困难？玛格丽特·杜拉斯说：这时候谁也帮不了你。其实我常常挺不相信自己的能力，这不是故作谦逊。为了证明自己，为了某种对"尚能呼吸，尚能写作"的虚荣，而不得不把自己置于无人能够救助状态，任何为自己的写作都包含一种正义感和企图改变个人命运的冲动。也只有写作，我们才是见证人，同时成为自己的生命的记录者，也许我们都应该具有一种"更令人不安的特质"：自觉地以不满现状、忧心忡忡、闷闷不乐为荣——尽可能自由地、完整地表达自我。

　　因为我时常四处走动——同样尽可能多地出现在教室里，作为一个观察者、参与者——同时有很多机会与朋友们分享对人文精神的理解，还由于一些你能读到的文字，我收到不少教师朋友的信件。它们带给我喜悦和对教育更深刻的情感，几乎每封信都给我很奇特的想象空间：你的生活，你是谁？

　　其实一封信也就够了，这就是对话与分享的开始。

　　可是我要坦言，我真不知什么才是写作的正途与方法，我常常告诉朋友们："写"才是写作的老师。鲁迅还有"硬写"之说。真正能帮助你的肯定只有你自己的辛劳与坚持。每一天都是一个开端，从你已经开始的地方继续下去吧！

我给你寄去的《片面之辞》谅已收到，愿你喜欢这本书。

祝好！

2003 年元月 6 日

其实我根本没有资格批评你什么

（友人吴子非来信谈"救救农村的孩子"）

吴子非兄弟：

谢谢你时常给我来信，向我具体地描绘乡村教育的各种窘境。虽然我自己也长于农村，现在仍经常走访乡村学校，但对今天乡村教育的了解实在有限得很。上次看到你的孩子，我确实有点难过，小小年纪，但从相貌上看出来的精神性状，真的太像你了。我知道你活得很辛苦，你也一直挣扎，但是在孩子面前你应该更乐观更坚强些，孩子天天都在向我们学习，我们有理由有责任让孩子有一个更美好的期待。"放孩子到未来光明的世界中去"，是值得我们努力的教育信念。

但是，我毕竟有点站着说话不腰疼啊。我知道很多乡村教师确实被各种贫困、贫乏和周而复始的压力折腾得毫无自信力和进取心了，就像你说的那样，"越思索越痛苦，越挣扎越绝望"，以至于再也无法从"迷茫和困惑"中走出来了。我编的刊物收到的乡村教师的信件是最多的，大家都在努力着继续"呼吸"啊，也许真的是"挺住就意味着一切"！我只希望你不绝望，不虚无，能做一些有意义的事情就是为教育的进步尽一份自己的心力。看你的信，心里难过，真不知道都说了些什么！

祝好！

2004 年 2 月 25 日

时常心有愧疚

（福建省德化县林丽芯老师来信谈阅读和听讲座的感受）

林丽芯君：

在翻阅信件时，翻出了你 2003 年 5 月 15 日写给我的信，我还特地在信上注了"一定要及时回"的自我提示，但还是把你的信给忘了。这一忘又是好几个月了。在 2003 年 6 月的《素质教育博览》（教师版）上，还发了我的一封短信《时常心有愧疚》，说的就是没有及时给教师们回信的愧疚感，真的是辜负了大家的一番好意与期待。我编的另一本教育刊物《明日教育论坛》，曾发过钱理群老师的《相濡以沫》，一组写给各地朋友的信件，钱老师的真诚、细致、热情都是令我感动的，也是值得我认真学习的。我的老师黄克剑先生也是把写信作为一项重要的工作，他一年为年轻朋友审阅、修改、推荐的文章都不下百万字，每封回信更是认真得令人感怀。对比两位先生，我就知道自己在做人做事上的差距了。

当然，我还是乐于和朋友们交流的，交流就是分享，就是共同承担。你说我的讲座更像交流，确实是这样，我坐在你们面前，无非就是希望能在一个"亲密和安全"的环境中袒露自己，我对教育并没有太多有价值的想法，但有一些体验、感悟可能只属于我自己，也因此，我才可能坐在你们面前，居然就说了一天的话。承蒙大家的包容，每一次谈话之后，我的紧张才有所舒解，你们都成了我的良药。

谢谢你对刊物和拙作的肯定。我仍在写作，因而保持了思考的状态，也因此保持与现实"恰当"的距离，这些都让我感到快乐。

还希望读到你的信。美好的生活都是值得我们期待的。

祝好！

2004 年 3 月 1 日

我所坚持的无非是……

（福建省龙岩市吴若言老师来信询问最近好像很少看到我的文章）

吴若言君：

您好！

谢谢你的来信，其实我常常以期待的心情等待着朋友们从各处寄来的邮件。我甚至还要感谢你对人文关键词所作的"另类的曲解"，一篇文章所引起的各种反应都是值得欣喜的。

你的文章写得不错，并非你所说的"幼稚而又有些偏执"。我很高兴地看到，现在刊在《素质教育博览》（教师版）上的教师们的文章越来越逼近教育的真实和生命的真实，常常流露出动人的诗意和难得的率真，这一切恰恰是教育的希望所在，因为语言觉醒的背后正是人生意义的觉醒。自由、尊严、责任与创造力，正是这些高贵的字眼，使我们卑微的生命仍然可以给幻想和希望留下足够的空地。

《素质教育博览》（教师版）也将继续以更广阔的襟怀接纳各种各样不同的声音。

谢谢你对我那些文章的肯定。虽然事务杂多，我仍在写，"仍在呼吸"，这大概也是一种生活方式。我的文章除了在报刊上发表之外，主要收录在《唇舌的授权——张文质教育随笔》（福建教育出版社，2001 年版）、《片面之辞》（人文随笔，中国文化出版公司，2002 年版）和《保卫童年》（教育人文对话集，福建教育出版社，2004 年版）。我特别希望能在两三年内出一本讲演集，充满个人发现、感悟与"错觉"，自由、散漫的书。我喜爱边缘性文体，我首先为自己写作，然后，又"自作多情"地为一些朋友而写，也许"我从未迷恋过那些注定成功的事业"，也许我总是站在谬误一边，并不因为它可能讨人喜欢，也可能遭人唾弃，我所坚持的无非就是特别见不得人的个人立场，内在的、私欲的、毫无指望的、反复纠缠住灵魂的低声呻吟。一个时常是关闭着不为人所知的窄门。

也希望看到你更多的作品。

致礼！

2002 年 12 月 10 日

教育的十字路口   声音模仿者

声音模仿者 （一）

我曾在一篇题为《2000 年 12 月 26 日手迹》的札记中说到"我从来就不是无师自通者"，我是以这句话作为文章的开头的。文章的开头相当重要，犹如我们睡眠前恰当的姿势，又如母鸡下蛋时合适的位置。文章的开头同时决定了整篇文章说话的基调、手势甚至口型，总之，它得益于用心的找寻，或者顿悟后偶然的闪现，它的出现意味着更艰苦的写作可以开始了。当我说完"我从来就不是无师自通者"（生而知之？），我紧接着想说的是，或者我经常想这样说，我思想中有价值的主题，大多得益于阅读，我的写作亦即是一种模仿，有时我仅仅是"拙劣的模仿者"，仿佛"该说的话都说尽了，现在我们所要做的就是用自己的方式再说一遍"。比如这会儿，我想说：教育就是人们在交流，在欢笑，在表演，在思考，在争辩，在给予，在索取，在书写，在创造，也就是说在生活。我相信肯定有人说过类似的话，但当我用自己的方式再说一遍时，它就是"我说的"，因此，我正在"享受一个片段一个片段，一次又一次的眩晕"。

有一位我 20 年来一直敬重的诗人曾经说过：唉！诗写早了，成不了气候，应当推迟提笔，应当一辈子，尽可能长的一辈子，搜集感觉和甜美音调，也许最后可以写出十行诗来。他把一个人有价值的文字限制在微不足道的数量上，这是极苛刻的，就连他自己也没有做到。倒是中国一些不以写作为务的古典诗人不经意做到了这一点，这是另外一个话题，再回到我所敬重的诗人，看看他还说了些什么："诗并不如人们所说是感情——感情早就够了——它是经验。为了一首诗的缘故，必须观看许多城市、人和事物，必须认识动物，必须感觉鸟怎样飞，知道小花早上借以开放的姿势。必须能够想得起陌生地区的道路，不期而遇的会晤，眼见要来的别离——想得起还没搞清楚的童年日子，想得起一定很伤心的双亲，当他们为你带来某种乐趣，而你并不理解他们的时候（这可是别的孩子欢喜的乐趣啊）……想得起如此稀罕地传染又如此深重的变化无常的几种疾病，想得起静静的关闭的小室里的日子，想得起海上的早晨，尤其是海，茫茫的海洋，想得起在高空呼啸而过，并与群星共飞的旅途之夜……想到这一切还不够。还必须记得许多彼此不同的做爱之夜，记得临产妇的呼喊，记得柔和的、惨白的、熟睡的已经愈合了伤口的产妇。但是，甚至还必须同临终者待在一起，必须坐在小室里伴守着死者，窗户开着，沙沙声阵阵作响。有记忆还不够，还必须能够忘却它们，如果记得太少的话，还必须有很大的耐性，等待它们再来。因为记忆本身还不是紧要的。只有当它们在我的身上变成血液，变成目光和手势，不可名状而又不再和我们区别开来，只有这时才会安生，在一个非常稀罕的时刻，在它们中间出现并从它们走出某一首诗的第一个字。"即使作为一篇专门抄录别人文字的文章，我抄录的这些话语也算够长的了，可是他说得多好啊，你仔细读一读，也许就能明白我下面要说的话：阅读是提醒，是启示，是索取，是反省，是咀嚼，是记忆，是生命中最合乎生命需要的一种姿态。

写到这里我突然明白本篇文字的用意何在，尽管有人充分阐述过抄录文字对写作至关重要，然而，我到底要抄录什么，我还想紧接着再说什么呢？

卷首语:《素质教育博览》2000／3　黄克剑

教育，说到底它的使命只在于对人的整体发展的一种成全，而人的整体发展提挈起来也可以说是人在自己的对象世界和内在世界中赢得自由。我所说的自由，不是一个相对于纪律的概念，也不是一个相对于必然性的概念，而是一个高格位的人文概念。它的本始而终极的意涵是：自己是自己的理由，自己是自己的主宰，功过自承而不把命运推诿于自己的践履省思之外。

在自由的内外两个向度上，人对人生的终极意义有两个方面的贞取，一是身心的"幸福"，一是境界的"高尚"。"幸福"是关联着人的肉体感官欲望的满足和与之相伴的心灵感受而言的，它的实现离不开人与外部世界的对象性关系；境界的"高尚"则是就人的精神格局（简称人格）而言的，它决定着人的虚灵的"气象"。对"幸福"和"高尚"的求取，是人立于自由所当有的价值取向；这两种价值取向及其关联引申出人的种种美好的理想。

黄克剑，这是一位值得我一生追随的哲人。1993年我受《教育评论》之托对他作了一次访谈，以上文字便摘录于这次以"教育的价值向度与终极使命"为题的访问。也许正是黄克剑先生改变了我人生的主题与向度。他时常对我说：教育是一件最值得做的事情。他又时常对我说：人的一生也许只能做一件事，全力以赴说不定还不能做好。1990年代中期，在我人生艰难而落寞的岁月，我和几位朋友两周一次聆听黄先生"哲学与生命"的讲谈，我们常常骑上一个小时的自行车，到福建师大附近某间研究生朋友租借的民房，一杯越喝越淡的铁观音支持我们到凌晨，当自行车往回骑时，街上已布满赶早市的商贩。这时我的心情往往凝重而空阔，生命的醒悟导引出人生更多的悲情和责任。也许就是黄克剑先生第一次使我对教育的注视变得明晰而富有色彩，生命因而有了更多坚定和虚灵的意涵。后来我这样形容自己：30岁以后，我开始形成后来的那个面貌。

卷首语：《素质教育博览》2000／4　爱因斯坦

我们这些总有一死的人的命运是多么奇特呀！我们每个人在这个世界上都只作一个短暂的逗留；目的何在，却无所知，尽管有时自以为对此若有所感。但是，不必深思，只要从日常生活就可以明白：人是为别人而生存的——首先是为那样一些人，他们的喜悦和健康关系着我们自己的全部幸福；然后是为许多我们所不认识的人，他们的命运通过同情的纽带同我们密切结合在一起。我每天上百次地提醒自己，我的精神生活和物质生活都依靠着别人（包括生者和死者）的劳动，我必须尽力以同样的分量来报偿我所领受了的至今还在领受着的东西。我强烈地向往着俭朴的生活。并且时常为发觉自己占有了同胞的过多劳动而难以忍受。我认为阶级的区分是不合理的，它最后所凭借的是以暴力为根据。我也相信，简单淳朴的生活，无论在身体上还是在精神上，对每个人都是有益的。

我对这个人是多么的无知，我几乎只知道他的名字以及后来只属于他一个人的著名的面貌。也许我还知道一些关于他的多少有点传奇色彩的故事，他近乎是20世纪的一个神。可是无论他多么伟大，他要告诉我们的却是："我们这些总有一死的人的命运是多么奇特呀！我们每个人在这个世界上都只作一个短暂的逗留；目的何在，却无所知，尽管有时自以为对此若有所感。"我不知道我能不能这样说，即使现在对我们说话的人，一生没有留下什么样的成就，单凭着他这些质朴、真挚的话语，我也会因为和他生活在一个世纪而无比自豪。因为"人是为别人而生存的——首先是那样一些人，他们的喜悦和健康关系着我们自己的全部幸福；然后是许多我所不认识的人，他们的命运通过同情的纽带同我们密切结合在一起。"

卷首语:《素质教育博览》2000／5　钱理群

　　鲁迅在思考中国所要建立的"现代文明"、所要实现的"现代化"目标时，他并非不重视民族国家的独立、富强与民主。但他更重视与强调"人的个体生命（真实具体的个别的个体人，而非普遍的、观念中的人）的精神自由"；他认为二者之间存在着"本末之分"，因此他赋予后者以哲学上绝对的终极的意义与价值，同时在现实层面的现代化（"现代文明"）目标与道路上，强调"立人"（确立与保证个体精神自由）是"立国"的前提与基础，逻辑与历史的起点与终点（最终要建立的现代国家是"人国"）；这样，他就与当时（本世纪初）所盛行的，以后（一个世纪发展中）又不断强化的现代化目标与道路，明确地划清了界限：在他看来，国家（民族）的独立、富强、民主，是必须以保障每一个具体个体生命的精神自由为前提的；如果相反，以对个体精神自由的剥夺与压抑来换取国家的独立、统一、富强与民主，那么，就不可能有真正意义上的现代国家（"人国"）——人依然没有摆脱被奴役的状态（不过是以新的奴役形式代替了旧的奴役形式），也就是没有从根本上走出原始的"奴隶时代"。

　　因为这一段文字，我曾给钱先生寄过两封信，寄过刊物和我的诗集，然而钱先生都没有回信。我当然相信他不作回复肯定有自己的理由，2000年钱先生曾到我供职的电视台做直播的访谈节目，我犹豫了一下，没有去找他，后来我用文字对他的这次活动的某个侧面作了一个记录：

　　钱理群到福州讲学，被作为"语文教学专家"请到福建教育电视台的直播间。既然是"语文教学专家"，就需要回答观众热线非常细碎的"语文教学"问题。诸如："杂交水稻是科技人员和各级领导十几年的心血结晶"算不算病句之类。这样的问题钱理群对付不了，同台亮相的孙绍振则能回答，他毕竟久经沙场，什么问题都擅长，且不说正谬，孙先生的反应确实比较快，同时作为一个"经验主义者"，他的思路总是"我怎么样""我过去怎么样""我认为怎么样"，他要比钱先生更"活泼"。不过即使如此，钱先生也自有一种素朴的魅力：他坐得很沉着，发胖的身体透着和善，谈吐极有分寸，锋芒藏而不露。使人很愿意走近他。我不知道这是钱先生第几次上电视，总之他不怯场（这不算什么），不卖弄，对自己一贯的立场态度极为严肃，是一个语重心长的人。前阵子我因为阅读他某篇文章很激动，就寄了一本诗集去，这次我原想到电视台和他谈几句，但最后还是选择在家里看电视。不过我仍然通过直播间的热线电话和他作了交流（他只知道我是某一个没有面目的观众），我的问题是：这50年来，作文教学问题很多，写作能力低下是一个不争的事实，它的原因不只是因为评价的一统化、模式化、标准化，而是这诸"化"背后的教育体制和教育思想，它根本就不张扬人的个性，甚至还以抑制和扼杀人的自由为己任，如果人没有个性，没有自由的心灵，如何能有个性化的表达？请钱先生以您《话说周氏兄弟》中强调的鲁迅先生"别立新宗"和"立人"的思想，谈谈作文教学怎样才能走出泥潭？我的问题够长的，拐了几拐，钱先生的回答是：最近我担任《中国青年报》全国作文大赛的评委，我曾谈到鲁迅先生的一篇文章，写的是对写作的基本看法，文章叫《无声的中国》，他提出中国人要写文章，要说话，有两个要求，一个是要说自己的话，一个是要说真话。刚才这位先生谈到"立人"——立什么人，就是让人的个性自由发展，人的精神自由发展，首先要说自己的话，说真话，我觉得这是鲁迅先生给我们指导作文教学提出的基本要求，或者可以说对作为一个人怎么说话的基本要求。语文教育恰好就有这方面的问题。说话背后其实就是怎么做人的问题。语文教育改革涉及我们的教育理念——就是我们要培养什么样的人的问题。

卷首语:《素质教育博览》2000／7．8　艾略特

人们讨论关于教育的种种问题时，常常觉得它们似乎和教育所属并为其服务的那个社会制度毫无关系。这就是答案总不能令人满意的最普通的原因之一。教育制度只有在特定的社会制度内才具有意义。如果今天的教育似乎正日趋恶化，如果它似乎变得愈来愈混乱不堪、毫无意义，这首先是因为我们对社会没有确定的、令人满意的组织安排，又因为我们对自己需要什么样的社会没有明确、一致的意见。教育不是一个可以在空洞状态中加以讨论的题目：我们所提出的问题会引起其他的问题，诸如社会、经济、金融以及政治等方面的问题。

影响所及的甚至是比这些更为根本的问题：要知道我们在教育方面的要求是什么，我们必须先知道我们的一般要求是什么，我们必须从我们的人生哲学中获取我们的教育理论。

艾略特是20世纪无法绕过去的诗人、文论家，他说："政治上，我是个保皇党；宗教上，我是英国教徒；文学上，我是个古典主义者。"今天我开始能够理解这句话的意味。上大学时我刚开始接触诗歌，就撞上了他的《荒原》：

四月是最残忍的月份，哺育着 / 丁香，在死去的土地里，混合着 / 记忆和欲望，拨动着 / 沉闷的根芽，在一阵阵春雨里。……

我的整个精神差一点崩溃了，很长一段时间都处于恍惚状态，只要把这几句诗读一遍，我便立誓要做一个风格独特的诗人，"风格独特"在当时的我看来要比什么都重要。没想到后来读到的他的文论同样漂亮，同样令人神往。我读了几遍，有时出门还带着它。于是我找出一段他谈教育的话语与大家共享，更重要的还在于我希望因此有更多的人记住了这个名字，开始自己更广泛更持久的阅读：

她转过身去，但随着深秋的气候，／许多天，激发着我幻想，／许多天，许多小时；／她的头发披在臂上，她的臂上抱满鲜花。／我真诧异它们怎么会在一起：／我本应失去一个姿势和一个架子。／常常这些深思熟虑依然／在苦闷的午夜和中午的休息使我感到惊讶。

卷首语:《素质教育博览》2000／9　奥克塔维奥·帕斯

维持多样性，社团的或个人的歧异，是一种预防性的自卫。把每一个边缘社会、每一个种族所存有的文化差异消灭也就是把所有不同类别的文化生存的可能性全然地消灭。当工业文明把每一种独特的社会吞噬破坏时，人类文明进展的一种可能性便失灭，不只是过去和现在失灭，还有将来。历史发展到现在一直是多元的，人类不同的灵视，对于其过去与将来都各具其不同的视野。维持这样文化生长的多元就是维持将来种种可能状态的多元，也就是生命本身。其危机之一，就是把新社会作一种几何式的建构，几何式的诱惑是知性至上主义，是一种压制性的思维。我们必须培植和保护独特性、个体性和不规则性；也就是培植和保护生命。人类在极权国家的集体主义或是资本主义创制的宰制群众的社会一样都是没有前途的。

又是一个在20世纪无法绕过去的诗人、文论家:

倾听我如一个人听雨, /无需倾听,就听见我所言的事情 /眼睛朝内部睁开,五官 /全部警醒而熟睡, /天在下雨,轻盈的脚步,音节的喃喃低语, /空气和水,没有分量的话语:/……

——《如一个人听雨》片段

20世纪90年代,我曾备受奥克塔维奥·帕斯的"折磨",有一段时间,我几乎天天读,从不间断,闭上眼睛:

这一行句子仿佛在它自己后面 /穿过水平的境界而追逐自己西方,永远闪避 /它在那里追寻它散布的自己

——《四棵白杨》片段

我曾经说过我喜爱尖锐、含混和晦涩,这一切在帕斯那里都有了。经过日夜的默诵,我的诗歌中也隐约地有了一丝帕斯的回响。也许这种回响还是"先天"的,因为在我还没有细读帕斯之前,文论家楼肇明先生在给我的信中谈及他从我诗里读出了帕斯的影响。这是一件可遇不可求的幸福的事情。而我所选择的这段话语中,帕斯则是令人畏惧的,他的警惕与愤怒具有启示性的意义:

我忘记了你的名字,它是玛卢辛, /劳拉,伊莎贝尔,玛丽,珀西芬妮, /你的脸都是她们的脸又不是其任何之一, /你都是时机又绝不是其任何之一, /你具有一棵树,一片云的相似之处, /你都是鸟儿而现在你是一颗星, /现在你像一把剑的锋利之刃 /……

——《太阳石》片段

卷首语:《素质教育博览》2000/6　苏霍姆林斯基

教师对学生力量的信心表现在哪里呢? 我们的工作的辩证法告诉我们,教师永远也不会遇到这样的时刻的到来,使他有权利说:由于我尽了自己的努力和操劳,这个学生已经达到极限,从他身上再也得不到更多的东西了。学校教育里的许多失误,其根源正是在于有些人抱有这种思想。请你记住:人的力量和可能性是不可穷尽的。一个学生可能在一整年里都没有把某种东西弄懂弄会,可是终于有那么一天,他懂了,会了。这种"恍然大悟"(我想把这种想象称之为"思维的觉醒")的内在的精神力量,是在儿童的意识里逐渐积累起来的。任何时候都不要急于灰心失望。学生今天不会的,过三年才能会,那么我在

这三年里始终坚信人的力量是不可穷尽的。

我不知道要怎么赞美这位教育家。即使你什么都不读，就读他伟大著作中的任何一本，你都可以成为具有独特而充满诗意的听力与视力的人。他的教育是爱，是诗，是土地上一切真挚而独美的生命。我从未见过他的照片，也未曾想象过他的脸、他的灵魂，他几乎就是最慈祥的父亲与母亲的结合体，又几乎是所有伟大的教育思想与教育实践最恰当的结合体，在他的身上，几乎也可以让我感受到：人的力量和可能性是不可穷尽的。

说"完"苏霍姆林斯基，我突然不想接着再说什么了，刊物继续编下去，"卷首语"也仍在继续刊出，我的选择既随意又有自己的偏好与固执。我还将把家里书架上"被赞美者"一一请出，我也仍要努力在教育中"活出生命的意义"来，因为特蕾莎修女告诉我：

卷首语:《素质教育博览》2001/5

爱不能单独存在——爱本身毫无意义。/ 爱是要付诸行动的，而行动就是事奉。/ 我们怎样才能把神的爱付诸行动呢？/ 对我们的家庭要忠诚 / 对神交托给我们的责任也要忠诚。/ 无论我们 / 健康或身患残疾 / 富有或贫穷 / 这并不在我们做到多少 / 而在于我们付出多少爱心。/ ——终身与别人分享爱。

声音模仿者 〔二〕

我常常想，我愿意自己是个阅读者，或者仅仅是个随心所欲的抄录者，正像我写札记时所做的那样，在各种随便取得的笔记本和纸片上，录下一些可能只是我暂时喜好的文字，不是为了做学问，而是企图逼近生活的本质，要咀嚼与撕咬，要换个眼光以便看到生命的努力和微不足道。在这动机背后掩藏着个人渺小的快乐。我生活的时代，我想不出它可能有更好的样式，每个时代都是它自己的"极致"，正像狄更斯说的："那是最好的年月，那是最坏的年月；那是智慧的时代，那是愚蠢的时代；那是信仰的新纪元，那是怀疑的新纪元；那是光明的季节，那是黑暗的季节；那是希望的春天，那是绝望的冬天；我们将拥有一切，我们将一无所有；我们直接上天堂，我们直接下地狱。"（双城记）

多年来，我渴求着灵魂的安顿，其实我渴求的也就是内心的放任与自由。我已经越来越缺少对自我生活价值肯定的勇气。"我们仍然有用吗？"这是迪特里希·朋霍费尔的疑问。20 世纪 90 年代相当长一段时间，朋霍费尔的这一疑问也成为我对自己的不断询问。我一次又一次阅读朋霍费尔的《狱中书简》，我常常抄录他的只言片语（个人隐秘的偏好？）我甚至以他书中的标题"重写"我的札记："十年之后"、"我们脚下没有根基"、"谁站在自己的根基上"、"面对自己的勇气"，我仍然希望自己是追随者与模仿者，他的"谦和而勇毅，敏感而坚贞"的人格力量使我增加了些许提升生命质量的勇气："也许，明天就是最后审判日。假如真是如此，我们将愉快地放弃为更加美好的未来而进行的劳动，可是，绝不是在明天之前就放弃。"朋霍费尔确实做到了。

卷首语:《素质教育博览》2001/3　迪特里希·朋霍费尔

我们一直是种种错误行径的沉默的见证人。我们的头上已经滚过了许许多多的风暴。我们已经熟悉了欺诈和模棱两可的讲话技巧。经验使我们怀疑他人,使我们丧失了开朗和坦率。痛苦辛酸的斗争,已使我们困倦消沉,甚至玩世不恭。我们仍然有用吗?我们所需要的,不是天才,不是玩世不恭者,不是愤世嫉俗者,不是机敏的策略家,而是真挚的、坦诚的人。要使我们能够找到重返纯朴与真诚的道路,我们的精神包容量足够地充分,我们自身的正直足够地问心无愧吗?

39岁那一年,朋霍费尔死于纳粹的监狱。这是他的选择。作为一位反纳粹的著名神学家,二战前夕他正在美国巡回讲学,本可幸免于难,但他仍然毅然返回德国,和人民在一起,和自己的信仰在一起——这是他思想的本质:"参与上帝的存在,就要为他人而生活。"在狱中他表现出了惊人的安宁、自制,对他人的体贴、关怀以及永不绝望的信念。在临刑前,他仍然深信:"这,就是终点;对我来说,是生命的开端。"朋霍费尔的《狱中书简》为他在狱中所写的书信、诗歌和杂感断简。1993年我在重庆旅行时购得此书,从那天起,我就心存感激。摘录在刊物上的文字,我曾作了小小的改动,第一句应该是:"我们一直是种种罪恶行径的沉默的见证人。"我把"罪恶行径"改为"错误行径",一词之改,意味全然不同,我因为现实而忧虑太多,我深知自己内心的怯懦与警觉,或者正是因为怯懦而分外警觉。我知道无法对自己这样问询:我们自身的正直足够地问心无愧吗?

关于灵魂的安顿与救赎,关于宽容、启蒙等主题都属于"宏叙述",我们在卑微的生活中肯定也要碰上令我们伫足凝思的"大词",因为,我们所从事的教育工作,"不能没有虔敬之心,否则最多只是一种劝学的态度,对终极价值和绝对真理的虔敬是一切教育的本质,缺少对'绝对'的热情,人就不能生存,或人就活得不像一个人,一切就变得没有意义"(雅斯贝斯语)。然而今天,在某种意义上正是"传统与经典"价值土崩瓦解的时代,教育已成为公共生活中一种寻常的事,教师的角色已发生变迁。教师作为精神的领路人和知识权威的身份已经变得越来越模糊。对"师道尊严"和"道"的询问也变得极为低调。"教师"已经成为一项平庸而又偶然的职业。"平庸"是指它是"大众"的一部分,它不再探寻真理,不再能够自我依靠,自我作主,不再拥有精神的力量,即使是所拥有的知识也越来越"专门化",越来越狭窄化;"偶然"指的是职业选择背后的"使命感"的退出,同时精神与个性也已退出。那些终极的,最高贵的价值,已从公共生活中销声匿迹。甚至"终极"、"最高贵"这样的概念也不得不受到质疑。这是平庸的重要标志。精神的火焰,常常只有在"最小的团体中,在个人之间,才有着一些同先知的圣灵相感通的东西在极微弱地搏动"(何怀宏语)。不过,也许越是平庸的时代,有些声音越可能格外的尖锐、震人心魄:

卷首语:《素质教育博览》2000 /11　赫伯特·马尔库塞

在文化的王国中,精神教育和精神的重要性,战胜了日常竞争中的不平等和不自由。因为人是作为自由和平等的存在者参与到文化中去的。哪里有灵魂的呼声,哪里就超越着人在社会进程中的偶然境地和价值。爱情能打破富裕与贫困、高贵与低下之间的藩篱;友情即使在放逐和绝望中也保持其笃信;真理甚至在专制王权面前也高唱自己的战歌。灵魂不顾所有社会的艰难险阻,在个体的领域里发展着。那些最狭小的环境,也足以为灵魂拓展一个无限广阔的空间。

赫伯特·马尔库塞充满激情的声音,是在唤起我们灵魂深处对真善美乌托邦的信念。对真善美的预设与期待正是教育的力量与本质所在。是怎样的抚慰和自我叩问使我们常常眼含热泪,是怎样的决绝和艰苦的劳动,使我们终有一天能够说出:我只为我的天职而活着!我们的灵魂便被另一个更伟大的灵魂带走了。

卷首语:《素质教育博览》2001 /1, 2　卡尔维诺

有时候我觉得有某种瘟疫侵袭了人类最为独特的机能,也就是说,使用词汇的机能。这是一种危害语言的时疫,表现为认识能力和相关性的丧失,表现为随意下笔,把全部表达方式推进到一种最平庸、最没有个性、最抽象的公式中去,冲淡意义,挫钝表现力的锋芒,消失词汇碰撞和新事物迸发出来的火花。在这里,我不想多谈这种瘟疫的各种可能的根源,无论这种根源是否在于政治、意识形态、官僚机构统一用语,传播媒体的千篇一律,是否在于各种学校传授凡夫俗子们文化的方式。我所关心的是维护健康的方法。文学,很可能只有文学,才能创造出医治这种语言疫病的抗体。

我曾经在我的教育随笔集《唇舌的授权》中写道:"我终于发现所有的精神领域,都蕴含了无限的爱、美和痛苦。而让我们真正无法摆脱的却只有痛苦。"

我从不曾想要故作高深，我只是具体而简单地活着，见所未见，闻所未闻，或者只是把自己的一生献给自己的"饶舌者"。也许，我们每个人都是带有"偏见"的见证人，然而，正是各不相同的生命历程折射出了时代惊人的无法挣脱的"光晕"。我们知道自己怎么磨损，扭曲，丧失与沦落，而最终"瘟疫"不仅"侵袭了人类最为独特的机能"，"瘟疫"还成为我们赖以存在的生命背景，直到我们深信这一切其实就是我们共同的命运。

卡尔维诺坚信文学的力量，一位我敬重的老师则进而相信书籍的力量，有一次他对一位正在读硕士学位的年轻人说：多读一本书，就增加一种生命的强度。我另一位正在读文学博士学位的朋友则觉得这些已经是一种古典的态度了。今天思想所能抗衡的是什么，强权、市场化、网络社会？紧接着，他认为，读书，向大师学习的想法同时也是浪漫的。

然而，"对图书馆、对档案、对附注、对积满灰尘的手稿，对从来无人过目的文章，对印数极少躺在书架上直到几个世纪以后才有人拿出来的书充满爱恋"，这样的情感仍会持续下去，成为无用之用，仿佛一个"伟大的，柔软的，温暖的，一无所用的，博学的共济会"。因为我们终归要踏上生命中唯一的一条路，一切仍值得尝试：

卷首语：《素质教育博览》2001／6 圣约翰

若要到达不曾拥有的快乐，／就得走一条令你不快的路。／若要到达尚不具备的有知，／就得走一条无知无识的路。／若要到达不曾拥有的富有，／就得走一条一无所有的路。／若要成为不同于现在的你的你，／就得走一条不是现在的你的路。

在结束这篇文章之前，我想到我所敬仰的叶澜老师，我想：先把以前写的文字和片段辑录在一起，看看自己都说了什么：

之一："叶澜"，是一个人的名字，但我们从字面上无从辨别其年龄和性别，一般地说，这问题不大，当你要整体性地把握今天中国基础教育的时候，这个姓名就显出极为重要的意义。是问询与前行的路径，是精神启示，是一种鼓舞；不过，要成为"叶澜"的同路人，也不是容易的事。我想，实际上一切都是显而易见的。

之二：有位年轻的教师听完叶澜的报告，说自己的灵魂长高了。他可能太着急了，灵魂没有这么容易长高，叶澜的报告或许会使灵魂变得恍惚，这是偶然会遇到的事，像是一个奇迹。但灵魂终归属于自己的肉体，肉体的现实性很难有什么奇迹可言，却真的有种震撼使人无法自持，其实是博大的灵魂寻找着与自己相配称的追随者。

之三：叶澜教授说我们的课堂教学常常被一只无形的手所操纵，这只手就是教案、教参和标准答案：课堂教学漠视生命的存在，生命的价值，而沦为完成教案、教参和标准答案的课堂剧；其实，还有另一只手更为可怕，即根深蒂固的意识形态化的倾向，它无视一切丰富性、多样化、多元化、个性化的价值取向，唯我独尊，成为毋庸置疑的绝对真理，然后使所有的思想变得渺小，所有的学习者变得顺服，所有的教育目标变得整齐划一。最后的结果则是这样的教育培养出来的人是根本不可能完成伟大事业的。

之四：在上海的叶澜教授不会想到她的《让课堂焕发出生命活力》在福建的传播如此广泛，她赢得了自己的"同志"，漳浦的林瑞聪给我挂电话，"我是流着泪读完的"。这是献给战士最好的奖品。

还有更多的其他文字，我不能再抄录了。这位中国教育界稀有的浪漫主义者很多动人的思想，现在会时时划过我的脑海，仿佛因此我获得了一种新的空间结构：每一次都是重新相遇，每一次都是有意味的开启。就像一棵树超出了自己。

最后让我们静心倾听叶澜老师在 20 世纪末写给所有教师的瞩望吧：

卷首语：《素质教育博览》2001／7，8　叶澜

形成教育智慧的教师，具有敏锐感受、准确判断生成和变动着的教育实践中最有价值的新鲜信息的能力，具有敢于抓住时机，根据实际态势及时作出抉择的魄力，具有善于转化教育矛盾和冲突，调节自己教育行为以求最佳效果的机智，具有吸引学生积极地投入学校生活，热爱学习和创造，并愿意与教育者进行心灵对话的魅力。达到如此境界的教师的教育劳动，必然进入到科学和艺术结合的境界，工作充满创造的智慧和欣喜，在付出的同时，能感受到的是精神的满足与享受。中国教育的未来需要这样的教师来创造，而他们，则将从现在开始的随着新世纪的到来而日益深化的教育改革的伟大实践中诞生。

我喜爱这种嘈杂，各种人的混乱气息 ①

写字间朝西，保险公司巨大的玻璃幕墙把上午的阳光折射到房中。衰弱，虚幻。我喜爱这种嘈杂，各种人的混乱气息。各种人的相互关联。各种生命仍在展开的各不相同的扇面，你所关注的并非某个主题，如果你仅仅关注某个主题，你就将越来越乏味，貌似深刻，实则浅薄，你将长久地为自己所营造的主题迷惑，你的世界打开了，但你已经失去了听觉。

一个毫无怜悯之心的人，必定是个伪君子。我想，你越是了解这个人，你越可能时时感叹：我宁愿返回当初，返回到你仅仅感知这个生命的断章残篇的状态。难而，厌恶的情绪已经弥漫开，此时意味着：再也不希望与之会面。

时常我会梦见某一次考试，隔上一长段时间就会再现一次。无非我至为恐惧的几门学科，也许只有一个科目，它就是恐惧本身，我总是要在我所可能擅长的领域作更多的停留，目的也无非只有一个，我要远离我的恐惧。其实梦是奇怪的，有的梦是现实的残留物，却比现实更像是生活的本质，有的梦则是另外一种情况，它仅仅使你意识到，这是属于你一个人的秘密，再也没有人与之分享了。

维特根斯坦对门德尔松的审视是苛刻的，他说："门德尔松是这样的人，当他周围的人都快乐时他才快乐，当他生活于善良的人们之中时他才善良。他没有树完善。无论周围发生什么事，树都执拗地挺立着。"我既不似门德尔松，也不像为维特根斯坦所倾慕的那棵树，我属于另一种类型，更没有原则，更习惯于摇摆状态。

---

① 该文原标题为《片面之辞（一）》。

我总是无法确信现在这样的中年形象就是精神的最后状态，我说的不是容貌，我关心的是我进一步的衰老，我在继续等待中为自己设置了各种各样的岔道。

　　时常我需要由一个词而挺入教育的内核，教育就是一个个词所赋予的人性和生长的气息。当我赞美教育时，就是赞美一个个词的人性，就是赞美由一个个词而引起的对人的怜悯和自我怜悯。我看不清楚自己真实的面孔，因而变得日益谦卑，日益素朴，日益敏感。

　　我至为恐惧的是虚无，是非存在状态，恐惧本身因此而具有更多的人性。

　　有时我仿佛明白，只有创造，才会使我们确切存在，并因为创造而不断获得对生命的肯定，我渴望受到肯定，这个时候，我爱世界，爱自己，亦即爱自己创造之物。

　　我特别痛恨中途打断我写字的那个人。每一次开始几乎都意味着这是最后一次，当我写作时，就更清楚自己的虚弱。每一次我都要绕开自己的虚弱，因此每一次我都重复着自己：切记，请勿打断——我几乎再也无法摆脱自己平庸的日常生活了。

　　诗歌只是虚幻的产物，良好的教育才是白日梦。

　　本雅明说："假如你还没有至少一次在书桌前深夜坐到天明，不要认为你已写出完美的作品。"这是多么虚妄的见解！也许本雅明从未熬夜到天明，熬夜是他的恐惧，也许本雅明根本就是信笔涂鸦，总之，我只相信越是熬夜到天明，越不可能写出所谓的"完美之作"。其实，我喜爱的倒是那些残缺的篇章，我从来不去推想它到底写于何时，作品的质量并不意味着劳动的强度。劳动的强度首先只意味着肉体的付出。

　　其实我完全没有资格去议论本雅明什么。我的议论只是想与自己开个玩笑。我挺喜欢本雅明的，我也只是胡乱地读他，这就是我的阅读方式。我想说说事情的原委，波特莱尔曾经是我喜爱的诗人，恰好本雅明反反复复地谈论他，本雅明谈论的几乎完全是属于他一个人的波特莱尔，他也像个收藏家，他收藏了自己的精神投射，其实我比较赞成这样的方式。"无论谁将来住在这里，都决不会与他相像"。（本雅明语）

　　我也很清楚，我要在这样的一篇文字中试图做些什么。我所能做的，是回忆一次刚刚发生的旅行，就在我居住的城市一条陌生的街道，我感到困惑的是这能称为一次旅行吗？抑或，另一次是在别的城市，一条我非常熟悉的街道上，如果要把这两次作个比较，我就会发现我根本无法肯定自己更喜欢哪一次，我要做的就是不抱任何好恶地去做任何一件事。这就显示出了我的矛盾之处，我日益敏感，因而也日益麻木。

我们总是遮蔽得越来越深，出于我们终生对洞穴的喜爱，有时我们相当狂热地爱上了自己的优柔寡断，仿佛从来就没有正当的立场。正当的立场总是在真相的背后，隐而不现。我们一生都牵挂着微小的疾病，小件收藏，童年的某次意外，总之最深的洞穴才能隐藏越来越笨拙的身体的躯壳。

当我看到身体严重残疾的乞丐时，总是不知所措，这时他注视我的眼神倒是充满了另一种痛楚和讥讽，我不知道是快步逃离还是蹲下来表达自己的"仁慈"，但是在我表达之时，经常有某种屈辱感同样使我不自在，这对我的"尊贵"、"健康"是多么剧烈的伤害啊。大地之上，有各种各样的面目，我只适于和与我相似的人坐在一起。

某个小报在一个专题报道的相关链接中选了我的只语片言，我一下子获得了一种隐秘的满足，我几乎要给该报主编写信致谢。然后，我就把这份报纸交给同办公室的阅读者，让她成为这份礼物的收藏者。我从来就喜欢在似是而非之间进行一些徒劳的选择。难道你不是这样吗？我所说的就是我留给自己的毫无价值但却值得回味的遗产。

实际上在1997年到2002年六年之间，我观看最多的是小学的课堂，在那里我懂得了书本、桌子、讲台、凳子、橡皮擦、笔盒、水壶、书写本里人性的含意，我也懂得了真实的美丽。越是真实也就越是一个易碎品。

对人性的污秽保持沉默是困难也是不幸的。

我为什么会认为对人性的污秽保持沉默是困难的呢？我对自己的判断有点不理解，因为我时时陷于冲动，然后又退到沉思默想之中，我非常清楚一个人不可能无动于衷，然而不少人却做到了这一点，这才是一件极其不幸的事情。

我的朋友肖川在演讲时是个收放自如、意味深长的"小巨人"（他和我一样是个颇为著名的矮个子），然而当他要在杂乱的办公室打电话找一个人时，却非常缺乏信心："啊，我想找张文质先生，对，我要找张文质先生……"他曾经形容自己的声音像个老太婆，我经常会模仿肖川的句式和腔调，时间久了，我越来越熟悉这个人，他甚至成为我自我评价的某种标尺，因此，每当我看到他的新作品时，我心里就特别惧怕：这才是那个比我所模仿的更为真实的人。

事实也是这样，你熟悉的很多思想都会贯穿你的一生。

很多教育学，我们无法进入其实只是因为我们无法下到这个极其丰富的春意盎然的愚蠢山谷。那里还有很多的回声日夜跟随着几只肥胖的鸟。

我相信我的书是为很多人写的，正因为如此，他们都有理由拒绝我，他们总是要以拒绝我的方式表明在这样的冷漠的年代我们是一样的人。

我经常发现我所写的文章长短取决于手头纸张的数量，所以我现在还不能到电脑上写作，我既需要更多的质感也需要恰当的节制。我也明白，任何一个写作者都不能对自己的写作妄加评论，写，然后以各种托词回避自我评价，犹如隐身于某个谦卑的洞穴。

要坚决避免走到五个以上闲聊的人中间。

在每个时代都有令人唾弃的敌人，但没有任何时代进行过公正的审理，因为任何的审理都是非法的。

一个人是否啰唆，首先不在于他说多久，而在于他怎么说。啰唆既是生理的疾病，又是智力的缺陷，但是啰唆者往往心地善良，品行良好，这真是奇怪的事情。其实"我只是不断地对同一事物进行复述"。

我所说的，都带给了我一些浅薄的乐趣。这有助我沉醉于在交流过程中所获得的享受。当一个人开始自恋之时，他的思想也开始枯竭了。自恋是隐约而甜密的，它像中年人日渐增长的肥胖。

人能够战胜许多艰难困苦，但无法战胜身体的疾病，不过，短暂的"躺倒"确实仍是一件甜美、松弛的事。

有一次我非常偶然地发现萨特伪饰了自己，这个絮絮叨叨的哲人作家，在他一篇据说最为感人的散文作品（《亚丁·阿拉伯》再版序——《保尔·尼赞》）中对自己作了如此的描写：中等个，黑头发。"黑头发"大概是不成问题的，问题在于"中等个"，大家都知道萨特是个非常著名的矮个子，身高仅有 1.59 米，看来要坦然地说出"我，萨特，身高一米五九，仪表堂堂"确实还是一件困难的事情。我兴趣不在于这里，我要说的是"鄙省"教育厅最新规定，凡执教者，男性身高必须在 1.60 米以上，女性必须在 1.50 米以上，照此规定，萨特巴黎高师毕业后虽通过了全国哲学教师资格联考，还是当不成教师，我的朋友肖川也许要从北师大退职专事他的教育写作了，好在北师大尚无此规定，老肖现在还不必太着急。

破落者著名如阿Q爱说自己：老子也阔过！成功者著名如作曲家马勒爱说自己：从前家贫如洗。阿Q的"阔"当然无从考，马勒的"贫"据考证却是大大地夸张了。

据说爱因斯坦十岁时，还不会说话，他母亲很着急又没办法，只好向爱因斯坦的老师求教，这位"著名"的教师劝说道：你不必为此操心，反正这孩子好事做不了，坏事也做不了（言外之意就是这孩子整个白痴一个）。大家都知道爱因斯坦后来成为科学巨人，而他的一些文字也出奇的漂亮，比如他形容见过一面的哲学家以赛亚·伯林看上去就像是"上帝的巨大但是一般来说不怎么吸引人的剧院里的一名观众"，就极有智慧又意味无穷。

一个人如何才能够在乏味又无法脱身的环境中怡然自处呢？菲亚特汽车巨头乔万尼·阿涅利曾把秘诀告诉哲学家以赛亚·伯林：这个时候，他"要把自己认识的所有倾国倾城的美女在脑子里面慢慢地意淫一遍"。阿涅利压低嗓子说，"这么做至少要花上三刻钟甚至一个小时"，他露出一副极乐的神情，忘了音乐和讲话，沉浸于自己的"美梦"之中。

当我写作时，各种需求都变得极为稀少。它也让我明白节制其实同样源于一种精神的需要。

当夜晚，我坐在柔和的灯光下，夜晚就是我不断期待的温润的怜悯，是我的存在状态。

现在，我激烈的情绪都到哪里去了，我为何如此温顺地服从于我无法知晓的宿命？夜晚教给我的总是要比白天多得多。

我相信我是居家、犹豫、独处、自疗的人。我相信我所说的每句话都在避免准确和单一的指向。我对所有的事物从来不抱明确的看法，我没有自己的尺度。

2002年我就像一张在太阳底下久晒的纸，原先的白色渐渐被一种暧昧的黄所取代，这些黄便是我向内心的返回，我模模糊糊地露出疲倦的微笑，因为我知道我适合的床就在卧室和书房那里，那么，我先把遮住我理智的东西暂时拨开，我等待着下一次的睡眠。

齐奥朗曾经这样写道：一个满怀激情说出的谬误比一个用平淡无味的语言表达的真理更讨人喜欢。当我们满怀激情时并不知道我们说出的仅仅是一个谬误，即使我们知道甚至包括自己都不过是个谬误其实也无妨，说的激情已完成生命在那一瞬间的能量消耗。"我从未迷恋过那些注定成功的事业"，我站在谬误一边，并不因为它可能讨人喜欢，也可能遭人唾弃，我所坚持的无非就是特别见不得人的个人立场，内在的、私欲的、毫无指望的、反复纠缠住灵魂的低声呻吟。一个时常是关闭着不为人所知的窄门。

人所经历的就是人的宿命 ①

　　我所惧怕的是生活中无聊、细碎、缠绵不断的抚摸，我说的是思想的行为，由具体的生活不断渗透到你精神中无法摆脱的厌倦，"最重要的不是理解，而是生活"，你总是不断地在进入，被生活所裹挟，"盲目地自投荒谬的深渊"，现在面临的正是人生这样的时刻。

　　其实无所谓现在，无论我生活着，还是虚拟着有另外的"面临"，我都不相信可能性，或者不再有可能性。可能性不是意外、别一样的状态，在我看来仅仅指向一种期待。在重复之中，最先丧失的是奇妙的"未知"。现在我无法唤醒身体中越睡越沉的曾在窄小的空地上飞翔过的精灵。虽然，我仍可以在日渐虚幻的空气中描摹最后一次飞翔的影像。

　　正如罗伯特·穆齐尔所说：如果人们正经八百从开启的门里进来，就必须尊重门有一个结实的门框这个事实。穆齐尔说的也就是令人沮丧的现实感这类的原则，人无法逃脱"现实主义者"这样的身份归依，精神衰老总是能够同时附带着获得与之相称的命运的启示。我们缩头缩脚，同时又伸缩自如。

　　必须停止。必须避开一切可耻之物。

　　问题却在于，我们既是个"现实主义者"，却又失去了以勇气作为前提的判断力。也许不需要判断，只要继续摇摆就够了。

　　也许现实的诸事都如此："对此要有勇气才能理解。"

　　我们如何辨别我们的生活到底属灵还是属肉呢？也许我也只能记录下这样的问询，内心却同样的冷漠。"有我所不乐意的在天堂，我不愿意去。"

---

① 该文原标题为《片面之辞（二）》。

在困难时刻，在新时代有一个新开始的时刻（总是不断地开始），试图找寻，恰是盲目的。那么我又如何寄望于一切都靠自己的力量去行动呢？

经历了将近 20 年时间，我把自己培植成教育的职业的观察者，我开始正式进入一个黑暗的隧道，因为只有在这里，黑暗才是真正令人绝望的。也只有在这里，你才能明白挣扎与努力是如何的弥足珍贵。同时，在内心我把自己看成了在虚无的空气中飞翔的造型者。

我仿佛期待着自己可以这样说：如果我有信仰，我就不会离开教育工作了。

如果我有信仰，我就会相信我的天命就在于尖锐的声音之中。

当我茫然回顾，我就能明白我的"恶意"所在。

巴特勒主教曾经说过：世间万物和各种作为如其所是，而它们的后果也正是它们本身注定要带来的那些后果：那么我们为什么还要自欺欺人呢？睿智明澈如巴特勒主教大人，当然用不着自欺欺人，而对我辈而言，自欺欺人几乎就是一种生存原则，麻木中才有激情，欺骗中才有执著，悖谬则使我们体验到眩晕和人生的乐趣。这是多么奇怪的事啊！

我要用什么样的方式继续这种奇怪的体验呢？

体验就是一切？体验使我们首鼠两端？

也许我要对教育这样说（我内心如此决绝吗）：

今天的教育已经以衰败的形象使自身极度戏剧化而吸引住了大部分关注的目光，而与此同时，一种浪漫的，固执地相信在大厦无需重建情形下通过局部结构的改造就能使精神与文化得以复兴与创生的"运动"正日渐成为"主流力量"，这是这个时代特有的景象之一，在各种权力制度化的强大掣肘下，思想的活性逐渐衰微，真正意义上的"实验"几乎等于零，"改造运动"同时亦是利益再分割，急切的进取努力和强烈的贪欲错杂莫辨，没有多少值得庆幸的成功，也没有什么深思熟虑的错误令人反省，在浮光掠影的进行曲中，体制带着巨大的利益诱惑和惯性继续扮演它冷漠而稳健的角色，只有不断流逝的时间才能使人相信所有的美好似乎仍然闪烁在远处。

我的麻烦恰在于要在矛盾之中寻找一种立场。我希望你分享的正是我的偏执与矛盾。

如果我投出长枪，最后它总是恰如其分地在我内心深处找到至痛的落脚点。

我是自我享受的体验者。

在悖谬之中才有真正的眩晕。

在开阔的可以舞蹈的空地上，我等待着思想的畸形儿的诞生。

无力状态是安全的，无能状态才是幸福的？

我无法拒绝即将属于我的一切。但我拒绝了我的现在。

我的朋友金麒麟却另有看法，有一次他问我的年龄，然后正色道：你现在的岁数，还有一年好活。接着，他又含混其词：只有一年的未来，过了40岁就只剩下过去了。

这是荒谬的真理，是久居在自己的屋子中的人脱口而出的警句。

波特莱尔曾说过，人生的很多麻烦恰在于长期不能居住在自己的屋子里造成的。波特莱尔说的就是自己，他的真理只属于他自己。

可是我为何乐此不疲地收藏这些细碎的纸屑呢——我只是为了使自己安静。当清晨我看见越来越清晰的地平线，我就希望自己变得安静。并非我得到警示，而是我仍然要以我的方式存在。

不顾一切找寻的人，带给自己和他人更多的是痛苦。我没有找寻，我只是不断回到摇摆之中。我无法想象自己有知识有理性，明辨是非，能挺住而不回避！从2002年开始，我真的越来越迷糊了。写作就意味着承担责任，现在我却试图从中逃脱，这是多么有趣的事情。一切合乎情理，保持它呼吸、低吟与恰当的体温。一切是时间的继续。

哲学家以赛亚·伯林曾评价普鲁斯特是"将他的漂泊无依变得了在一切世界之外的阿基米德支点"，而我的支点亦是同样地馈赠我漂浮不定的世界吗？内心的自由也意味着更为强烈的自我否定。

现在我玩味着这样的句子，我感到我的灵魂仍在呼吸：从前我是个矮个子。我模仿了一个哲学家的句式，我觉得我试图从生理上再次肯定自己的唯一性，无论何时，我都只能站在自己一边，这才是最大的真实。

最大的真实即是人最后的宿命。

每天我面对着自己，我无法说我已厌倦了这个身体，我的灵魂不允许我驶入另外的轨道，因为根本就没有另外的轨道。

让我想想吧，当我捕捉到似是而非又转瞬即逝的一切时，我如何地为自己而困惑：我真的捕捉到什么？有什么样的意味在我文字中真实地停留了？

只有渐行渐远的故事，微暗的火焰，发生过一次就像从未发生的震颤，生命负载着比自己所期待的遭遇要浅薄无聊得多的经历，对我而言，无论何时灵魂的考验都意味着对孤独特殊的理解与喜爱，我给自己留下了一处隐约无定的风景，在各种激烈的冲突之中，仍有宁静的趣味，有时，"我的生活与我的观点相反"，有时，是我的文字把我带入问心有愧的沮丧。谁能辨明弗罗斯特终于没有涉足的另一条路与他已经走过的不是同一条路呢？

一个人能够把生命活得轻松，这需要多么高超的技艺。

一个人不故作高深，他就返归了童年。我知道我做不到这一点。不过我可以站在离童年不太远的地方。

我知道我正在经历一个什么样的时代，我知道我为什么如此羞愧。

图书在版编目（CIP）数据

教育的十字路口 / 张文质著 . —修订本 . —上海：华东师范
大学出版社，2016.3

ISBN 978 - 7 - 5675 - 4876 - 3

Ⅰ.①教... Ⅱ.①张... Ⅲ.①教育—文集 Ⅳ.① G4-53

中国版本图书馆 CIP 数据核字（2016）第 047798 号

大夏书系·教育新思考

教育的十字路口（修订版）

著　者	张文质	
策划编辑	李永梅	
审读编辑	王　悦	
封面设计	奇文云海·设计顾问	

出版发行	华东师范大学出版社
社　　址	上海市中山北路 3663 号　邮编　200062
网　　址	www.ecnupress.com.cn
电　　话	021 - 60821666　行政传真　021 - 62572105
客服电话	021 - 62865537
邮购电话	021 - 62869887　地址　上海市中山北路 3663 号华东师范大学校内先锋路口
网　　店	http://hdsdcbs.tmall.com

印 刷 者	北京密兴印刷有限公司
开　　本	700×1000　16 开
插　　页	1
印　　张	16
字　　数	248 千字
版　　次	2016 年 10 月第二版
印　　次	2021 年 5 月第二次
印　　数	6 101-8 100
书　　号	ISBN 978 - 7 - 5675 - 4876 - 3/G·9209
定　　价	39.80 元

出 版 人	王　焰

（如发现本版图书有印订质量问题，请寄回本社市场部调换或电话 021-62865537 联系）